ASIATISCHES KOCHBUCH 2022

KÖSTLICHE ASIATISCHE REZEPTE

PAUL RANGNIK

Inhaltsverzeichnis

Gedämpfte Eier mit Fisch

Für 4

225 g Seezungenfilets, in Streifen geschnitten

30 ml/2 EL Speisestärke (Maisstärke)

½ kleine grüne Paprika, fein gehackt

1 Frühlingszwiebel (Schalzwiebel), fein gehackt

30 ml/2 EL Erdnussöl (Erdnussöl)

120 ml/4 fl oz/½ Tasse Hühnerbrühe

3 Eier, leicht geschlagen

Prise Salz

Bestäuben Sie die Fischstreifen leicht mit Speisestärke und schütteln Sie dann den Überschuss ab. In einer flachen ofenfesten Form anrichten. Mit Pfeffer, Frühlingszwiebeln und Öl bestreuen. Die Hühnerbrühe erwärmen, unter die Eier rühren und mit Salz würzen, dann die Mischung über den Fisch gießen. Die Form auf einen Rost in einen Dampfgarer stellen, zugedeckt ca. 40 Minuten in leicht siedendem Wasser dämpfen, bis der Fisch gar ist und die Eier gerade erstarrt sind.

Gedämpfte Eier mit Schinken und Fisch

Für 4–6

6 Eier, getrennt

225 g gehackter (gemahlener) Kabeljau

375 ml/13 fl oz/1½ Tassen warmes Wasser

Prise Salz

50 g geräucherter Schinken, gehackt

15 ml/1 EL Erdnussöl (Erdnussöl)

Zweige glatte Petersilie

Das Eiweiß mit dem Fisch, der Hälfte des Wassers und etwas Salz vermischen und die Mischung in eine flache feuerfeste Form geben. Das Eigelb mit dem restlichen Wasser, dem Schinken und etwas Salz verrühren und über die Eiweißmasse gießen. Die Form auf einen Rost in einen Dampfgarer stellen, abdecken und über leicht siedendem Wasser ca. 20 Minuten dämpfen, bis die Eier fest sind. Öl bis zum Rauchpunkt erhitzen, über die Eier gießen und mit Petersilie garniert servieren.

Gedämpfte Eier mit Schweinefleisch

Für 4

45 ml/3 EL Erdnussöl (Erdnussöl)

225 g mageres Schweinefleisch, gehackt (gemahlen)

100 g Wasserkastanien, gehackt (gemahlen)

1 Frühlingszwiebel (Schalzwiebel), gehackt

30 ml/2 EL Sojasauce

5 ml/1 TL Salz

120 ml/4 fl oz/½ Tasse Hühnerbrühe

4 Eier, leicht geschlagen

Das Öl erhitzen und das Schweinefleisch, die Wasserkastanien und die Frühlingszwiebeln hellbraun braten. Sojasauce und Salz einrühren, überschüssiges Öl abgießen und in eine flache ofenfeste Form geben. Die Brühe erwärmen, dann unter die Eier rühren und über die Fleischmasse gießen. Die Form auf einen Rost in einen Dampfgarer stellen, zudecken und in leicht siedendem Wasser ca. 30 Minuten dämpfen, bis die Eier gerade fest geworden sind.

Frittierte Eier vom Schwein

Für 4

100 g gehacktes (gemahlenes) Schweinefleisch

2 Frühlingszwiebeln (Frühlingszwiebeln) gehackt

15 ml/1 EL Speisestärke (Maisstärke)

15 ml/1 EL Reiswein oder trockener Sherry

15 ml/1 EL Sojasauce

2,5 ml/½ TL Salz

4 hartgekochte (hartgekochte) Eier

Öl zum Frittieren

½ Kopfsalat, zerkleinert

Schweinefleisch, Frühlingszwiebeln, Maisstärke, Wein oder Sherry, Sojasauce und Salz vermischen. Um die Eier herum formen, um sie vollständig zu bedecken. Öl erhitzen und die Eier frittieren, bis der Überzug goldbraun und durchgegart ist. Herausnehmen und gut abtropfen lassen, dann auf einem Salatbett servieren.

Soja-Sauce Spiegeleier

Für 4

45 ml/3 EL Erdnussöl (Erdnussöl)

4 Eier

15 ml/1 EL Sojasauce

¼ Kopfsalat, zerkleinert

Das Öl sehr heiß erhitzen und die Eier in die Pfanne geben. Kochen, bis die Unterseite leicht gebräunt ist, großzügig mit Sojasauce bestreuen und umdrehen, ohne das Eigelb zu zerbrechen. 1 weitere Minute braten. Den Salat auf einer Servierplatte anrichten und die Eier zum Servieren darauf legen.

Halbmond-Eier

Für 4

45 ml/3 EL Erdnussöl (Erdnussöl)

4 Eier

Salz und frisch gemahlener Pfeffer

15 ml/1 EL Sojasauce

15 ml/1 EL gehackte frische glatte Petersilie

Das Öl sehr heiß erhitzen und die Eier in die Pfanne brechen. Kochen, bis die Unterseite leicht gebräunt ist, dann mit Salz, Pfeffer und Sojasauce bestreuen. Das Ei halbieren und leicht andrücken, damit es zusammenhält. Weitere 2 Minuten auf beiden Seiten goldbraun braten, dann mit Petersilie bestreut servieren.

Für 4

4 getrocknete chinesische Pilze

30 ml/2 EL Erdnussöl (Erdnussöl)

2,5 ml/½ TL Salz

3 Frühlingszwiebeln (Frühlingszwiebeln), gehackt

50 g Bambussprossen, in Scheiben geschnitten

50 g Wasserkastanien, in Scheiben geschnitten

90 ml/6 EL Hühnerbrühe

10 ml/2 TL Speisestärke (Maisstärke)

15 ml/1 EL Wasser

5 ml/1 TL Zucker

Öl zum Frittieren

4 Eier

¼ Kopfsalat, zerkleinert

Die Champignons 30 Minuten in warmem Wasser einweichen und dann abtropfen lassen. Die Stiele wegwerfen und die Kappen in Scheiben schneiden. Öl und Salz erhitzen und die Frühlingszwiebeln 30 Sekunden anbraten. Bambussprossen und Wasserkastanien dazugeben und 2 Minuten mitbraten. Brühe zugeben, aufkochen, zudecken und 2 Minuten köcheln lassen. Speisestärke und Wasser zu einer Paste verrühren und mit dem

Zucker in die Pfanne rühren. Unter Rühren köcheln lassen, bis die Sauce eindickt. In der Zwischenzeit das Öl erhitzen und die Eier einige Minuten frittieren, bis die Ränder braun werden. Salat auf einem Teller anrichten, mit den Eiern belegen und mit der scharfen Sauce übergießen.

Chinesisches Omelett

Für 4

4 Eier

Salz und frisch gemahlener Pfeffer

30 ml/2 EL Erdnussöl (Erdnussöl)

Die Eier leicht schlagen und mit Salz und Pfeffer würzen. Das Öl erhitzen, dann die Eier in die Pfanne gießen und die Pfanne kippen, sodass das Ei die Oberfläche bedeckt. Heben Sie die Ränder des Omeletts an, während die Eier fest werden, damit das rohe Ei darunter laufen kann. Kochen, bis es gerade fest geworden ist, dann zur Hälfte falten und sofort servieren.

Chinesisches Omelett mit Sojasprossen

Für 4

100 g Bohnensprossen

4 Eier

Salz und frisch gemahlener Pfeffer

30 ml/2 EL Erdnussöl (Erdnussöl)

½ kleine grüne Paprika, gehackt

2 Frühlingszwiebeln (Frühlingszwiebeln), gehackt

Die Sojasprossen in kochendem Wasser 2 Minuten blanchieren und dann gut abtropfen lassen. Die Eier leicht schlagen und mit Salz und Pfeffer würzen. Öl erhitzen und Paprika und Frühlingszwiebeln 1 Minute anbraten. Die Sojasprossen hinzufügen und rühren, bis sie mit Öl bedeckt sind. Gießen Sie die Eier in die Pfanne und kippen Sie die Pfanne so, dass das Ei die Oberfläche bedeckt. Heben Sie die Ränder des Omeletts an, während die Eier fest werden, damit das rohe Ei darunter laufen kann. Kochen, bis es gerade fest geworden ist, dann zur Hälfte falten und sofort servieren.

Blumenkohlomelett

Für 4

1 Blumenkohl, in Röschen zerteilt

225 g Hühnerfleisch, gehackt (gemahlen)

5 ml/1 TL Salz

3 Eiweiß, leicht geschlagen

2,5 ml/½ TL Selleriesalz

45 ml/3 EL Hühnerbrühe

45 ml/3 EL Erdnussöl (Erdnussöl)

Die Blumenkohlröschen in kochendem Wasser 10 Minuten blanchieren und dann gut abtropfen lassen. Mischen Sie das Huhn, Salz, Eiweiß, Selleriesalz und Brühe. Mit einem elektrischen Schneebesen schlagen, bis die Mischung weiche Spitzen bildet. Das Öl erhitzen, die Hähnchenmischung dazugeben und etwa 2 Minuten unter Rühren braten. Den Blumenkohl dazugeben und vor dem Servieren weitere 2 Minuten mitbraten.

Krebsomelette mit brauner Soße

Für 4

15 ml/1 EL Erdnussöl (Erdnussöl)

4 Eier, geschlagen

2,5 ml/½ TL Salz

200 g Krabbenfleisch, in Flocken

175 ml Hühnerbrühe

15 ml/1 EL Sojasauce

10 ml/2 TL Speisestärke (Maisstärke)

45 ml/3 EL gekochte grüne Erbsen

Erhitze das Öl. Eier und Salz verquirlen und das Krabbenfleisch einrühren. In die Pfanne gießen und kochen, dabei die Ränder des Omeletts anheben, während die Eier fest werden, damit das ungekochte Ei darunter laufen kann. Kochen, bis es gerade fest geworden ist, dann zur Hälfte falten und auf eine vorgewärmte Servierplatte geben. Währenddessen die Brühe mit Sojasauce und Maisstärke unter Rühren erhitzen, bis die Mischung kocht und eindickt. 2 Minuten köcheln lassen, dann die Erbsen einrühren. Kurz vor dem Servieren über das Omelett gießen.

Omelett mit Schinken und Wasserkastanien

Für 2

30 ml/2 EL Erdnussöl (Erdnussöl)

1 Zwiebel, gehackt

1 Knoblauchzehe, zerdrückt

50 g Schinken, gehackt

50 g Wasserkastanien, gehackt

15 ml/1 EL Sojasauce

50 g Cheddar-Käse

3 Eier, geschlagen

Die Hälfte des Öls erhitzen und Zwiebel, Knoblauch, Schinken, Wasserkastanien und Sojasauce leicht bräunen. Nehmen Sie sie aus der Pfanne. Das restliche Öl erhitzen, die Eier dazugeben und das Ei beim Angehen in die Mitte ziehen, damit das rohe Ei darunter laufen kann. Wenn das Ei gerade fest ist, die Schinkenmischung auf die Hälfte des Omeletts löffeln, mit dem Käse belegen und die andere Hälfte des Omeletts darüber klappen. Abdecken und 2 Minuten kochen lassen, dann wenden und weitere 2 Minuten goldbraun braten.

Für 4

4 Eier

Salz und frisch gemahlener Pfeffer

30 ml/2 EL Erdnussöl (Erdnussöl)

3 Frühlingszwiebeln (Frühlingszwiebeln), gehackt

100 g Hummerfleisch, gehackt

Die Eier leicht schlagen und mit Salz und Pfeffer würzen. Öl erhitzen und die Frühlingszwiebeln 1 Minute anbraten. Den Hummer hinzufügen und rühren, bis er mit Öl bedeckt ist. Gießen Sie die Eier in die Pfanne und kippen Sie die Pfanne so, dass das Ei die Oberfläche bedeckt. Heben Sie die Ränder des Omeletts an, während die Eier fest werden, damit das rohe Ei darunter laufen kann. Kochen, bis es gerade fest geworden ist, dann zur Hälfte falten und sofort servieren.

Austernomelett

Für 4

4 Eier

120 ml/4 fl oz/½ Tasse Milch

12 geschälte Austern

3 Frühlingszwiebeln (Frühlingszwiebeln), gehackt

Salz und frisch gemahlener Pfeffer

30 ml/2 EL Erdnussöl (Erdnussöl)

50 g mageres Schweinefleisch, zerkleinert

50 g Champignons, in Scheiben geschnitten

50 g Bambussprossen, in Scheiben geschnitten

Eier mit Milch, Austern, Frühlingszwiebeln, Salz und Pfeffer leicht schlagen. Erhitzen Sie das Öl und braten Sie das Schweinefleisch an, bis es leicht gebräunt ist. Champignons und Bambussprossen dazugeben und 2 Minuten mitbraten. Gießen Sie die Eiermischung in die Pfanne und kochen Sie sie. Heben Sie die Ränder des Omeletts an, während die Eier fest werden, damit das rohe Ei darunter laufen kann. Kochen, bis es gerade fest geworden ist, dann zur Hälfte falten, das Omelett umdrehen und auf der anderen Seite leicht bräunen lassen. Sofort servieren.

Omelett mit Garnelen

Für 4

4 Eier

15 ml/1 EL Reiswein oder trockener Sherry

Salz und frisch gemahlener Pfeffer

30 ml/2 EL Erdnussöl (Erdnussöl)

1 Scheibe Ingwerwurzel, gehackt

225 g geschälte Garnelen

Die Eier mit dem Wein oder Sherry leicht schlagen und mit Salz und Pfeffer würzen. Erhitzen Sie das Öl und braten Sie den Ingwer an, bis er leicht gebräunt ist. Die Garnelen hinzufügen und rühren, bis sie mit Öl bedeckt sind. Gießen Sie die Eier in die Pfanne und kippen Sie die Pfanne so, dass das Ei die Oberfläche bedeckt. Heben Sie die Ränder des Omeletts an, während die Eier fest werden, damit das rohe Ei darunter laufen kann. Kochen, bis es gerade fest geworden ist, dann zur Hälfte falten und sofort servieren.

Omelett mit Jakobsmuscheln

Für 4

4 Eier

5 ml/1 TL Sojasauce

Salz und frisch gemahlener Pfeffer

30 ml/2 EL Erdnussöl (Erdnussöl)

3 Frühlingszwiebeln (Frühlingszwiebeln), gehackt

225 g Jakobsmuscheln, halbiert

Die Eier mit der Sojasauce leicht verquirlen und mit Salz und Pfeffer würzen. Erhitzen Sie das Öl und braten Sie die Frühlingszwiebeln an, bis sie leicht gebräunt sind. Die Jakobsmuscheln zugeben und 3 Minuten mitbraten. Gießen Sie die Eier in die Pfanne und kippen Sie die Pfanne so, dass das Ei die Oberfläche bedeckt. Heben Sie die Ränder des Omeletts an, während die Eier fest werden, damit das rohe Ei darunter laufen kann. Kochen, bis es gerade fest geworden ist, dann zur Hälfte falten und sofort servieren.

Omelett mit Tofu

Für 4

4 Eier

Salz und frisch gemahlener Pfeffer

30 ml/2 EL Erdnussöl (Erdnussöl)

225 g Tofu, püriert

Die Eier leicht schlagen und mit Salz und Pfeffer würzen. Das Öl erhitzen, dann den Tofu hinzufügen und unter Rühren braten, bis er durchgeheizt ist. Gießen Sie die Eier in die Pfanne und kippen Sie die Pfanne so, dass das Ei die Oberfläche bedeckt. Heben Sie die Ränder des Omeletts an, während die Eier fest werden, damit das rohe Ei darunter laufen kann. Kochen, bis es gerade fest geworden ist, dann zur Hälfte falten und sofort servieren.

Omelett mit Schweinefleischfüllung

Für 4

50 g Sojasprossen

60 ml/4 EL Erdnussöl (Erdnussöl)

225 g mageres Schweinefleisch, gewürfelt

3 Frühlingszwiebeln (Frühlingszwiebeln), gehackt

1 Stange Sellerie, gehackt

15 ml/1 EL Sojasauce

5 ml/1 TL Zucker

4 Eier, leicht geschlagen

Salz-

Die Sojasprossen in kochendem Wasser 3 Minuten blanchieren und dann gut abtropfen lassen. Die Hälfte des Öls erhitzen und das Schweinefleisch braten, bis es leicht gebräunt ist. Frühlingszwiebeln und Sellerie zugeben und 1 Minute mitbraten. Sojasauce und Zucker dazugeben und 2 Minuten unter Rühren braten. Aus der Pfanne nehmen. Die geschlagenen Eier mit Salz würzen. Das restliche Öl erhitzen und die Eier in die Pfanne gießen, dabei die Pfanne kippen, sodass das Ei die Oberfläche bedeckt. Heben Sie die Ränder des Omeletts an, während die Eier fest werden, damit das rohe Ei darunter laufen kann. Die

Füllung auf die Hälfte des Omeletts geben und halbieren. Kochen, bis es gerade fest ist, dann sofort servieren.

Omelett mit Garnelenfüllung

Für 4

30 ml/2 EL Erdnussöl (Erdnussöl)

2 Stangen Sellerie, gehackt

2 Frühlingszwiebeln (Frühlingszwiebeln), gehackt

225 g geschälte Garnelen, halbiert

4 Eier, leicht geschlagen

Salz-

Die Hälfte des Öls erhitzen und Sellerie und Zwiebeln anbraten, bis sie leicht gebräunt sind. Die Garnelen dazugeben und unter Rühren braten, bis sie durchgebraten sind. Aus der Pfanne nehmen. Die geschlagenen Eier mit Salz würzen. Das restliche Öl erhitzen und die Eier in die Pfanne gießen, dabei die Pfanne kippen, sodass das Ei die Oberfläche bedeckt. Heben Sie die Ränder des Omeletts an, während die Eier fest werden, damit das rohe Ei darunter laufen kann. Die Füllung auf die Hälfte des Omeletts geben und halbieren. Kochen, bis es gerade fest ist, dann sofort servieren.

Gedämpfte Omelettrollen mit Hühnerfüllung

Für 4

4 Eier, leicht geschlagen

Salz-

15 ml/1 EL Erdnussöl (Erdnussöl)

100 g gekochtes Hühnchen, gehackt

2 Scheiben Ingwerwurzel, gehackt

1 Zwiebel, gehackt

120 ml/4 fl oz/½ Tasse Hühnerbrühe

15 ml/1 EL Reiswein oder trockener Sherry

Die Eier verquirlen und mit Salz würzen. Etwas Öl erhitzen und ein Viertel der Eier einfüllen und kippen, um die Mischung in der Pfanne zu verteilen. Auf einer Seite braten, bis sie leicht gebräunt sind und einfach stellen, dann auf den Kopf stellen auf einen Teller legen. Die restlichen 4 Omeletts kochen. Hähnchen, Ingwer und Zwiebel mischen. Die Masse gleichmäßig auf die Omeletts verteilen, aufrollen, mit Cocktailstäbchen fixieren und die Brötchen in einer flachen ofenfesten Form anrichten. Auf einen Rost in einen Dampfgarer geben, abdecken und 15 Minuten dämpfen. Auf eine vorgewärmte Servierplatte geben und in dicke Scheiben schneiden. Währenddessen Brühe und

Sherry erhitzen und mit Salz würzen. Über die Omeletts gießen und servieren.

Austernpfannkuchen

Für 4–6

12 Austern

4 Eier, leicht geschlagen

3 Frühlingszwiebeln (Frühlingszwiebeln), in Scheiben geschnitten

Salz und frisch gemahlener Pfeffer

6 ml/4 EL reines (Allzweck-)Mehl

2,5 ml/½ TL Backpulver

45 ml/3 EL Erdnussöl (Erdnussöl)

Die Austern schälen, 60 ml/4 EL des Likörs auffangen und grob hacken. Eier mit Austern, Frühlingszwiebeln, Salz und Pfeffer vermischen. Mehl und Backpulver vermischen, mit dem Austernlikör zu einer Paste verrühren und unter die Eier rühren. Etwas Öl erhitzen und löffelweise Teig zu kleinen Pfannkuchen backen. Auf jeder Seite leicht bräunen lassen, dann etwas mehr Öl in die Pfanne geben und weitermachen, bis die gesamte Mischung verbraucht ist.

Garnelenpfannkuchen

Für 4

50 g geschälte Garnelen, gehackt

4 Eier, leicht geschlagen

75 g/gehäufte ½ Tasse einfaches (Allzweck-)Mehl

Salz und frisch gemahlener Pfeffer

120 ml/4 fl oz/½ Tasse Hühnerbrühe

2 Frühlingszwiebeln (Frühlingszwiebeln), gehackt

30 ml/2 EL Erdnussöl (Erdnussöl)

Alle Zutaten außer dem Öl miteinander vermischen. Etwas Öl erhitzen, ein Viertel des Teigs einfüllen und die Pfanne kippen, um ihn auf dem Boden zu verteilen. braten, bis die Unterseite leicht gebräunt ist, dann wenden und die andere Seite bräunen. Aus der Pfanne nehmen und die restlichen Pfannkuchen weitergaren.

Chinesisches Rührei

Für 4

4 Eier, geschlagen

2 Frühlingszwiebeln (Frühlingszwiebeln), gehackt

Prise Salz

5 ml/1 TL Sojasauce (optional)

30 ml/2 EL Erdnussöl (Erdnussöl)

Eier mit Frühlingszwiebeln, Salz und ggf. Sojasauce verquirlen. Das Öl erhitzen und dann die Eiermischung einfüllen. Mit einer Gabel vorsichtig umrühren, bis die Eier gerade fest sind. Sofort servieren.

Rührei mit Fisch

Für 4

225 g Fischfilet

30 ml/2 EL Erdnussöl (Erdnussöl)

1 Scheibe Ingwerwurzel, gehackt

2 Frühlingszwiebeln (Frühlingszwiebeln), gehackt

4 Eier, leicht geschlagen

Salz und frisch gemahlener Pfeffer

Den Fisch in eine ofenfeste Schüssel geben und auf einem Rost in einem Dampfgarer platzieren. Zugedeckt etwa 20 Minuten dämpfen, dann die Haut entfernen und das Fruchtfleisch ablösen. Das Öl erhitzen und den Ingwer und die Frühlingszwiebeln anbraten, bis sie leicht gebräunt sind. Fügen Sie den Fisch hinzu und rühren Sie, bis er mit Öl bedeckt ist. Die Eier mit Salz und Pfeffer würzen, dann in die Pfanne geben und mit einer Gabel vorsichtig umrühren, bis die Eier gerade fest geworden sind. Sofort servieren.

Rührei mit Pilzen

Für 4

30 ml/2 EL Erdnussöl (Erdnussöl)

4 Eier, geschlagen

3 Frühlingszwiebeln (Frühlingszwiebeln), gehackt

Prise Salz

5 ml/1 TL Sojasauce

100 g Champignons, grob gehackt

Die Hälfte des Öls erhitzen und die Champignons einige Minuten anbraten, bis sie durch sind, dann aus der Pfanne nehmen. Eier mit Frühlingszwiebeln, Salz und Sojasauce verquirlen. Das restliche Öl erhitzen und dann die Eimischung einfüllen. Mit einer Gabel vorsichtig umrühren, bis die Eier zu setzen beginnen, dann die Pilze zurück in die Pfanne geben und kochen, bis die Eier gerade fest geworden sind. Sofort servieren.

Rührei mit Austernsauce

Für 4

4 Eier, geschlagen

3 Frühlingszwiebeln (Frühlingszwiebeln), gehackt

Salz und frisch gemahlener Pfeffer

5 ml/1 TL Sojasauce

30 ml/2 EL Erdnussöl (Erdnussöl)

15 ml/1 EL Austernsauce

100 g gekochter Schinken, zerkleinert

2 Zweige glatte Petersilie

Eier mit Frühlingszwiebeln, Salz, Pfeffer und Sojasauce verquirlen. Die Hälfte des Öls einrühren. Das restliche Öl erhitzen und dann die Eimischung einfüllen. Mit einer Gabel vorsichtig umrühren, bis die Eier zu setzen beginnen, dann die Austernsauce einrühren und kochen, bis die Eier gerade fest geworden sind. Mit Schinken und Petersilie garniert servieren.

Rührei mit Schweinefleisch

Für 4

225 g mageres Schweinefleisch, in Streifen geschnitten

30 ml/2 EL Sojasauce

30 ml/2 EL Erdnussöl (Erdnussöl)

2 Frühlingszwiebeln (Frühlingszwiebeln), gehackt

4 Eier, geschlagen

Prise Salz

5 ml/1 TL Sojasauce

Mischen Sie das Schweinefleisch und die Sojasauce, so dass das Schweinefleisch gut bedeckt ist. Erhitzen Sie das Öl und braten Sie das Schweinefleisch an, bis es leicht gebräunt ist. Frühlingszwiebeln dazugeben und 1 Minute mitbraten. Die Eier mit den Frühlingszwiebeln, Salz und Sojasauce verquirlen und die Eiermasse in die Pfanne geben. Mit einer Gabel vorsichtig umrühren, bis die Eier gerade fest sind. Sofort servieren.

Rührei mit Schweinefleisch und Garnelen

Für 4

100 g gehacktes (gemahlenes) Schweinefleisch

225 g geschälte Garnelen

2 Frühlingszwiebeln (Frühlingszwiebeln), gehackt

1 Scheibe Ingwerwurzel, gehackt

5 ml/1 TL Speisestärke (Maisstärke)

15 ml/1 EL Reiswein oder trockener Sherry

15 ml/1 EL Sojasauce

Salz und frisch gemahlener Pfeffer

45 ml/3 EL Erdnussöl (Erdnussöl)

4 Eier, leicht geschlagen

Schweinefleisch, Garnelen, Frühlingszwiebeln, Ingwer, Maisstärke, Wein oder Sherry, Sojasauce, Salz und Pfeffer mischen. Erhitzen Sie das Öl und braten Sie die Schweinefleischmischung, bis sie leicht gebräunt ist. Die Eier einfüllen und mit einer Gabel vorsichtig umrühren, bis die Eier gerade fest geworden sind. Sofort servieren.

Rührei mit Spinat

Für 4

45 ml/3 EL Erdnussöl (Erdnussöl)

225 g Spinat

4 Eier, geschlagen

2 Frühlingszwiebeln (Frühlingszwiebeln), gehackt

Prise Salz

Die Hälfte des Öls erhitzen und den Spinat einige Minuten unter Rühren braten, bis er hellgrün wird, aber nicht zusammenfällt. Aus der Pfanne nehmen und fein hacken. Eier mit Frühlingszwiebeln, Salz und ggf. Sojasauce verquirlen. Spinat unterrühren. Das Öl erhitzen und dann die Eiermischung einfüllen. Mit einer Gabel vorsichtig umrühren, bis die Eier gerade fest sind. Sofort servieren.

Rührei mit Frühlingszwiebeln

Für 4

4 Eier, geschlagen
8 Frühlingszwiebeln (Frühlingszwiebeln), gehackt
Salz und frisch gemahlener Pfeffer
5 ml/1 TL Sojasauce
30 ml/2 EL Erdnussöl (Erdnussöl)

Eier mit Frühlingszwiebeln, Salz, Pfeffer und Sojasauce verquirlen. Das Öl erhitzen und dann die Eiermischung einfüllen. Mit einer Gabel vorsichtig umrühren, bis die Eier gerade fest sind. Sofort servieren.

Rührei mit Tomaten

Für 4

4 Eier, geschlagen

2 Frühlingszwiebeln (Frühlingszwiebeln), gehackt

Prise Salz

30 ml/2 EL Erdnussöl (Erdnussöl)

3 Tomaten, enthäutet und gehackt

Eier mit Frühlingszwiebeln und Salz verquirlen. Das Öl erhitzen und dann die Eiermischung einfüllen. Vorsichtig rühren, bis die Eier zu setzen beginnen, dann die Tomaten untermischen und unter Rühren weiterkochen, bis sie gerade erstarrt sind. Sofort servieren.

Für 4

30 ml/2 EL Erdnussöl (Erdnussöl)

5 ml/1 TL Sesamöl

1 grüne Paprika, gewürfelt

1 Knoblauchzehe, gehackt

100 g Zuckerschoten (Schneerbsen), halbiert

4 Eier, geschlagen

2 Frühlingszwiebeln (Frühlingszwiebeln), gehackt

Prise Salz

5 ml/1 TL Sojasauce

Die Hälfte des Erdnussöls (Erdnussöl) mit dem Sesamöl erhitzen und die Paprika und den Knoblauch unter Rühren anbraten, bis sie leicht gebräunt sind. Die Zuckerschoten dazugeben und 1 Minute unter Rühren braten. Die Eier mit den Frühlingszwiebeln, Salz und Sojasauce verquirlen und die Mischung in die Pfanne geben. Mit einer Gabel vorsichtig umrühren, bis die Eier gerade fest sind. Sofort servieren.

Hühnersoufflé

Für 4

100 g Hähnchenbrust, gehackt

(Boden)

45 ml/3 EL Hühnerbrühe

2,5 ml/½ TL Salz

4 Eiweiß

75 ml/5 EL Erdnussöl (Erdnussöl)

Hähnchen, Brühe und Salz gut vermischen. Das Eiweiß steif schlagen und unter die Masse heben. Erhitzen Sie das Öl bis zum Rauchpunkt, fügen Sie die Mischung hinzu und rühren Sie gut um, dann reduzieren Sie die Hitze und kochen Sie unter leichtem Rühren weiter, bis die Mischung gerade fest ist.

Für 4

100 g Krabbenfleisch, in Flocken

Salz-

15 ml/1 EL Speisestärke (Maisstärke)

120 ml/4 fl oz/½ Tasse Milch

4 Eiweiß

75 ml/5 EL Erdnussöl (Erdnussöl)

Krabbenfleisch, Salz, Maisstärke mischen und gut vermischen. Das Eiweiß steif schlagen und dann unter die Masse heben. Erhitzen Sie das Öl bis zum Rauchpunkt, fügen Sie dic Mischung hinzu und rühren Sie gut um, dann reduzieren Sie die Hitze und kochen Sie unter leichtem Rühren weiter, bis die Mischung gerade fest ist.

Krabben-Ingwer-Soufflé

Für 4

75 ml/5 EL Erdnussöl (Erdnussöl)

2 Scheiben Ingwerwurzel, gehackt

1 Frühlingszwiebel (Schalzwiebel), gehackt

100 g Krabbenfleisch, in Flocken

Salz-

15 ml/1 EL Reiswein oder trockener Sherry

120 ml/4 ft oz/k Tasse Milch

60 ml/4 EL Hühnerbrühe

15 ml/2 EL Speisestärke (Maisstärke)

4 Eiweiß

5 ml/1 TL Sesamöl

Die Hälfte des Öls erhitzen und den Ingwer und die Zwiebel anbraten, bis sie weich sind. Krabbenfleisch und Salz einrühren, vom Herd nehmen und etwas abkühlen lassen. Wein oder Sherry, Milch, Brühe und Maisstärke mischen und dann unter die Krabbenfleischmasse rühren. Das Eiweiß steif schlagen und dann unter die Masse heben. Das restliche Öl bis zum Rauchpunkt erhitzen, die Mischung hinzufügen und gut umrühren, dann die Hitze reduzieren und unter leichtem Rühren weiterkochen, bis die Mischung gerade fest ist.

Fischsoufflé

Für 4

3 Eier, getrennt

5 ml/1 TL Sojasauce

5 ml/1 TL Zucker

Salz und frisch gemahlener Pfeffer

450 g Fischfilets

45 ml/3 EL Erdnussöl (Erdnussöl)

Eigelb mit Sojasauce, Zucker, Salz und Pfeffer mischen. Schneiden Sie den Fisch in große Stücke. Tauchen Sie den Fisch in die Mischung, bis er gut bedeckt ist. Öl erhitzen und den Fisch anbraten, bis er auf der Unterseite leicht gebräunt ist. Währenddessen das Eiweiß steif schlagen. Drehen Sie den Fisch um und löffeln Sie das Eiweiß auf die Oberseite des Fisches. 2 Minuten braten, bis die Unterseite leicht gebräunt ist, dann erneut wenden und weitere 1 Minute kochen, bis das Eiweiß fest und goldbraun ist. Mit Tomatensauce servieren.

Garnelen-Soufflé

Für 4

225 g geschälte Garnelen, gehackt

1 Scheibe Ingwerwurzel, gehackt

15 ml/1 EL Reiswein oder trockener Sherry

15 ml/1 EL Sojasauce

Salz und frisch gemahlener Pfeffer

4 Eiweiß

45 ml/3 EL Erdnussöl (Erdnussöl)

Garnelen, Ingwer, Wein oder Sherry, Sojasauce, Salz und Pfeffer vermischen. Das Eiweiß steif schlagen und dann unter die Masse heben. Erhitzen Sie das Öl bis zum Rauchpunkt, fügen Sie die Mischung hinzu und rühren Sie gut um, dann reduzieren Sie die Hitze und kochen Sie unter leichtem Rühren weiter, bis die Mischung gerade fest ist.

Für 4

100 g Bohnensprossen

100 g geschälte Garnelen, grob gehackt

2 Frühlingszwiebeln (Frühlingszwiebeln), gehackt

5 ml/1 TL Speisestärke (Maisstärke)

15 ml/1 EL Reiswein oder trockener Sherry

120 ml/4 fl oz/½ Tasse Hühnerbrühe

Salz-

4 Eiweiß

45 ml/3 EL Erdnussöl (Erdnussöl)

Die Sojasprossen in kochendem Wasser 2 Minuten blanchieren, dann abgießen und warm halten. In der Zwischenzeit Garnelen, Zwiebeln, Maisstärke, Wein oder Sherry und Brühe vermischen und mit Salz würzen. Das Eiweiß steif schlagen und dann unter die Masse heben. Erhitzen Sie das Öl bis zum Rauchpunkt, fügen Sie die Mischung hinzu und rühren Sie gut um, dann reduzieren Sie die Hitze und kochen Sie unter leichtem Rühren weiter, bis die Mischung gerade fest ist. Auf eine vorgewärmte Servierschale legen und mit den Sojasprossen belegen.

Gemüsesoufflé

Für 4

5 Eier, getrennt

3 Kartoffeln, gerieben

1 kleine Zwiebel, fein gehackt

15 ml/1 EL gehackte frische Petersilie

5 ml/1 TL Sojasauce

Salz und frisch gemahlener Pfeffer

Das Eiweiß steif schlagen. Das Eigelb blass und dick schlagen, dann die Kartoffeln, Zwiebel, Petersilie und Sojasauce dazugeben und gut verrühren.

Das Eiweiß unterheben. In eine gefettete Souffléform füllen und im vorgeheizten Backofen bei 180 °C/Gas Stufe 4 ca. 40 Minuten backen.

Ei Foo Yung

Für 4

4 Eier, leicht geschlagen

Salz-

100 g gekochtes Hühnchen, gehackt

1 Zwiebel, gehackt

2 Stangen Sellerie, gehackt

50 g Champignons, gehackt

30 ml/2 EL Erdnussöl (Erdnussöl)

Ei-Foo-Yung-Sauce

Eier, Salz, Hühnchen, Zwiebel, Sellerie und Champignons vermischen. Etwas Öl erhitzen und ein Viertel der Mischung in die Pfanne geben. Braten, bis die Unterseite leicht gebräunt ist, dann wenden und die andere Seite bräunen. Mit Ei-Foo-Yung-Sauce servieren.

Frittiertes Ei Foo Yung

Für 4

4 Eier, leicht geschlagen

5 ml/1 TL Salz

100 g geräucherter Schinken, gehackt

100 g Champignons, gehackt

15 ml/1 EL Sojasauce

Öl zum Frittieren

Eier mit Salz, Schinken, Champignons und Sojasauce vermischen. Erhitzen Sie das Öl und geben Sie vorsichtig einen Löffel der Mischung in das Öl. Kochen, bis sie an die Oberfläche steigen, umdrehen, bis sie von beiden Seiten braun sind. Aus dem Öl nehmen und abtropfen lassen, während die restlichen Pfannkuchen gebacken werden.

Krabben Foo Yung mit Pilzen

Für 4

6 Eier, geschlagen

45 ml/3 EL Speisestärke (Maisstärke)

100 g Krabbenfleisch

100 g Champignons, gewürfelt

100 g gefrorene Erbsen

2 Frühlingszwiebeln (Frühlingszwiebeln), gehackt

5 ml/1 TL Salz

45 ml/3 EL Erdnussöl (Erdnussöl)

Schlagen Sie die Eier und schlagen Sie dann die Maisstärke ein. Alle restlichen Zutaten außer dem Öl hinzufügen. Etwas Öl erhitzen und die Mischung nach und nach in die Pfanne gießen, um kleine Pfannkuchen mit einem Durchmesser von etwa 7,5 cm zu erhalten. Braten, bis der Boden leicht gebräunt ist, dann wenden und die andere Seite bräunen. Fahren Sie fort, bis Sie die gesamte Mischung verbraucht haben.

Schinken Ei Foo Yung

Für 4

60 ml/4 EL Erdnussöl (Erdnussöl)

50 g Bambussprossen, gewürfelt

50 g Wasserkastanien, gewürfelt

2 Frühlingszwiebeln (Frühlingszwiebeln), gehackt

2 Stangen Sellerie, gewürfelt

50 g geräucherter Schinken, gewürfelt

15 ml/1 EL Sojasauce

2,5 ml/½ TL Zucker

2,5 ml/½ TL Salz

4 Eier, leicht geschlagen

Die Hälfte des Öls erhitzen und Bambussprossen, Wasserkastanien, Frühlingszwiebeln und Sellerie ca. 2 Minuten anbraten. Schinken, Sojasauce, Zucker und Salz einrühren, aus der Pfanne nehmen und etwas abkühlen lassen. Rühren Sie die Mischung in die geschlagenen Eier. Erhitze ein wenig des restlichen Öls und gieße die Mischung nach und nach in die Pfanne, um kleine Pfannkuchen mit einem Durchmesser von etwa 7,5 cm zu erhalten. Braten, bis der Boden leicht gebräunt ist, dann wenden und die andere Seite bräunen. Fahren Sie fort, bis Sie die gesamte Mischung verbraucht haben.

Schweinebraten-Ei Foo Yung

Für 4

4 getrocknete chinesische Pilze

60 ml/3 EL Erdnussöl (Erdnussöl)

100 g Schweinebraten, zerkleinert

100 g Chinakohl, zerkleinert

50 g Bambussprossen, in Scheiben geschnitten

50 g Wasserkastanien, in Scheiben geschnitten

4 Eier, leicht geschlagen

Salz und frisch gemahlener Pfeffer

Die Champignons 30 Minuten in warmem Wasser einweichen und dann abtropfen lassen. Die Stiele wegwerfen und die Kappen in Scheiben schneiden. 30 ml/2 EL Öl erhitzen und Pilze, Schweinefleisch, Kohl, Bambussprossen und Wasserkastanien 3 Minuten rühren. Aus der Pfanne nehmen und etwas abkühlen lassen, dann unter die Eier mischen und mit Salz und Pfeffer würzen. Erhitze ein wenig des restlichen Öls und gieße die Mischung nach und nach in die Pfanne, um kleine Pfannkuchen mit einem Durchmesser von etwa 7,5 cm zu erhalten. Braten, bis der Boden leicht gebräunt ist, dann wenden und die andere Seite bräunen. Fahren Sie fort, bis Sie die gesamte Mischung verbraucht haben.

Schweine- und Garnelenei Foo Yung

Für 4

45 ml/3 EL Erdnussöl (Erdnussöl)

100 g mageres Schweinefleisch, in Streifen geschnitten

1 Zwiebel, gehackt

225 g geschälte Garnelen, in Streifen geschnitten

50 g Chinakohl, zerkleinert

4 Eier, leicht geschlagen

Salz und frisch gemahlener Pfeffer

30 ml/2 EL Öl erhitzen und das Schweinefleisch und die Zwiebeln leicht bräunen. Die Garnelen dazugeben und braten, bis sie mit Öl bedeckt sind, dann den Kohl hinzufügen, gut umrühren, abdecken und 3 Minuten köcheln lassen. Aus der Pfanne nehmen und etwas abkühlen lassen. Die Fleischmasse zu den Eiern geben und mit Salz und Pfeffer würzen. Erhitze ein wenig des restlichen Öls und gieße die Mischung nach und nach in die Pfanne, um kleine Pfannkuchen mit einem Durchmesser von etwa 7,5 cm zu erhalten. Braten, bis der Boden leicht gebräunt ist, dann wenden und die andere Seite bräunen. Fahren Sie fort, bis Sie die gesamte Mischung verbraucht haben.

Weißer Reis

Für 4

225 g Langkornreis

15 ml/1 EL Öl

750 ml/1¼ pts/3 Tassen Wasser

Den Reis waschen und dann in einen Topf geben. Fügen Sie das Wasser zum Öl hinzu und fügen Sie es dann in die Pfanne, so dass es etwa 2,5 cm über dem Reis steht. Aufkochen, mit einem dicht schließenden Deckel abdecken, Hitze reduzieren und 20 Minuten leicht köcheln lassen.

Gebratenes Schweinefleisch mit Ingwer

Für 4

225 g mageres Schweinefleisch

5 ml/1 TL Speisestärke (Maisstärke)

30 ml/2 EL Sojasauce

30 ml/2 EL Erdnussöl (Erdnussöl)

1 Scheibe Ingwerwurzel, gehackt

1 Frühlingszwiebel (Schalzwiebel), geschnitten

45 ml/3 EL Wasser

5 ml/1 TL brauner Zucker

Das Schweinefleisch gegen die Faser in dünne Scheiben schneiden. Maizena einrühren, dann mit Sojasauce bestreuen und erneut schwenken. Erhitzen Sie das Öl und braten Sie das Schweinefleisch 2 Minuten lang, bis es versiegelt ist. Ingwer und Frühlingszwiebeln dazugeben und 1 Minute mitbraten. Wasser und Zucker hinzufügen, abdecken und etwa 5 Minuten köcheln lassen, bis sie gar sind.

Schweinefleisch mit grünen Bohnen

Für 4

450 g grüne Bohnen, in Stücke geschnitten

30 ml/2 EL Erdnussöl (Erdnussöl)

2,5 ml/½ TL Salz

1 Scheibe Ingwerwurzel, gehackt

225 g mageres Schweinefleisch, gehackt (gemahlen)

120 ml/4 fl oz/½ Tasse Hühnerbrühe

75 ml/5 EL Wasser

2 Eier

15 ml/1 EL Speisestärke (Maisstärke)

Die Bohnen etwa 2 Minuten kochen, dann abtropfen lassen. Öl erhitzen und Salz und Ingwer einige Sekunden anbraten. Fügen Sie das Schweinefleisch hinzu und braten Sie es leicht an, bis es leicht gebräunt ist. Die Bohnen dazugeben und 30 Sekunden braten, mit Öl bestreichen. Brühe einrühren, aufkochen, zudecken und 2 Minuten köcheln lassen. 30 ml/2 EL Wasser mit den Eiern verquirlen und in die Pfanne rühren. Restliches Wasser mit Maisstärke vermischen. Wenn die Eier zu setzen beginnen, die Maisstärke einrühren und kochen, bis die Mischung eindickt. Sofort servieren.

Schweinefleisch mit Schinken und Tofu

Für 4

4 getrocknete chinesische Pilze

5 ml/1 TL Erdnussöl (Erdnussöl)

100 g Räucherschinken, in Scheiben

225 g Tofu, in Scheiben geschnitten

225 g mageres Schweinefleisch, in Scheiben

15 ml/1 EL Reiswein oder trockener Sherry

Salz und frisch gemahlener Pfeffer

1 Scheibe Ingwerwurzel, gehackt

1 Frühlingszwiebel (Schalzwiebel), gehackt

10 ml/2 TL Speisestärke (Maisstärke)

30 ml/2 EL Wasser

Die Champignons 30 Minuten in warmem Wasser einweichen und dann abtropfen lassen. Entsorgen Sie die Stiele und halbieren Sie die Kappen. Reiben Sie eine hitzebeständige Schüssel mit dem Erdnuss-(Erdnuss-)Öl ein. Champignons, Schinken, Tofu und Schweinefleisch in Schichten in der Form anrichten, mit dem Schweinefleisch darauf. Mit Wein oder Sherry, Salz und Pfeffer, Ingwer und Frühlingszwiebeln bestreuen. Abdecken und auf einem Rost über kochendem Wasser etwa 45 Minuten dämpfen, bis sie gar sind. Lassen Sie die Soße aus der Schüssel ab, ohne die Zutaten zu stören. Fügen Sie genug Wasser hinzu, um 250 ml/8 fl oz/1 Tasse aufzufüllen. Speisestärke und Wasser vermischen und in die Sauce einrühren. In die Schüssel geben und unter Rühren köcheln lassen, bis die Sauce klar wird und eindickt. Die Schweinefleischmischung auf eine vorgewärmte Servierplatte stürzen, mit der Sauce übergießen und servieren.

Gebratene Schweinekebabs

Für 4

450 g Schweinefilet, in dünne Scheiben geschnitten

100 g gekochter Schinken, in dünne Scheiben geschnitten

6 Wasserkastanien, in dünne Scheiben geschnitten

30 ml/2 EL Sojasauce

30 ml/2 EL Weinessig

15 ml/1 EL brauner Zucker

15 ml/1 EL Austernsauce

ein paar Tropfen Chiliöl

45 ml/3 EL Speisestärke (Maisstärke)

30 ml/2 EL Reiswein oder trockener Sherry

2 Eier, geschlagen

Öl zum Frittieren

Schweine-, Schinken- und Wasserkastanien abwechselnd auf kleine Spieße stecken. Sojasauce, Weinessig, Zucker, Austernsauce und Chiliöl vermischen. Über die Kebabs gießen, abdecken und 3 Stunden im Kühlschrank marinieren lassen. Maisstärke, Wein oder Sherry und Eier zu einem glatten, dickflüssigen Teig verrühren. Drehen Sie die Kebabs im Teig, um sie zu beschichten. Öl erhitzen und die Kebabs goldbraun frittieren.

Geschmorte Schweinshaxe in roter Soße

Für 4

1 große Schweinshaxe

1 l/1½ pts/4¼ Tassen kochendes Wasser

5 ml/1 TL Salz

120 ml/4 fl oz/½ Tasse Weinessig

120 ml/4 fl oz/½ Tasse Sojasauce

45 ml/3 EL Honig

5 ml/1 TL Wacholderbeeren

5 ml/1 TL Anis

5 ml/1 TL Koriander

60 ml/4 EL Erdnussöl (Erdnussöl)

6 Frühlingszwiebeln (Frühlingszwiebeln), geschnitten

2 Karotten, in dünne Scheiben geschnitten

1 Stange Sellerie, in Scheiben geschnitten

45 ml/3 EL Hoisinsauce

30 ml/2 EL Mango-Chutney

75 ml/5 EL Tomatenmark (Paste)

1 Knoblauchzehe, zerdrückt

60 ml/4 EL gehackter Schnittlauch

Die Schweinshaxe mit Wasser, Salz, Weinessig, 45 ml/3 EL Sojasauce, Honig und Gewürzen aufkochen. Das Gemüse dazugeben, wieder aufkochen, zugedeckt ca. 1½ Stunden köcheln lassen, bis das Fleisch zart ist. Fleisch und Gemüse aus der Pfanne nehmen, das Fleisch vom Knochen schneiden und würfeln. Öl erhitzen und das Fleisch goldbraun braten. Das Gemüse dazugeben und 5 Minuten mitbraten. Restliche Sojasauce, Hoisinsauce, Chutney, Tomatenmark und Knoblauch dazugeben. Unter Rühren aufkochen, dann 3 Minuten köcheln lassen. Mit Schnittlauch bestreut servieren.

Mariniertes Schweinefleisch

Für 4

450 g mageres Schweinefleisch

1 Scheibe Ingwerwurzel, gehackt

1 Knoblauchzehe, zerdrückt

90 ml/6 EL Sojasauce

15 ml/1 EL Reiswein oder trockener Sherry

45 ml/3 EL Erdnussöl (Erdnussöl)

1 Frühlingszwiebel (Schalzwiebel), geschnitten

15 ml/1 EL brauner Zucker

frisch gemahlener Pfeffer

Das Schweinefleisch mit Ingwer, Knoblauch, 30 ml/2 EL Sojasauce und Wein oder Sherry mischen. 30 Minuten ruhen lassen, dabei gelegentlich umrühren, dann das Fleisch aus der Marinade nehmen. Das Öl erhitzen und das Schweinefleisch anbraten, bis es leicht gebräunt ist. Frühlingszwiebel, Zucker, restliche Sojasauce und eine Prise Pfeffer dazugeben, zugedeckt ca. 45 Minuten köcheln lassen, bis das Schweinefleisch gar ist. Das Schweinefleisch in Würfel schneiden und dann servieren.

Marinierte Schweinekoteletts

Für 6

6 Schweinekoteletts

1 Scheibe Ingwerwurzel, gehackt

1 Knoblauchzehe, zerdrückt

90 ml/6 EL Sojasauce

30 ml/2 EL Reiswein oder trockener Sherry

45 ml/3 EL Erdnussöl (Erdnussöl)

2 Frühlingszwiebeln (Frühlingszwiebeln), gehackt

15 ml/1 EL brauner Zucker

frisch gemahlener Pfeffer

Von den Schweinekoteletts den Knochen abschneiden und das Fleisch in Würfel schneiden. Ingwer, Knoblauch, 30 ml/2 EL Sojasauce und Wein oder Sherry mischen, über das Schweinefleisch gießen und unter gelegentlichem Rühren 30 Minuten marinieren lassen. Das Fleisch aus der Marinade nehmen. Das Öl erhitzen und das Schweinefleisch anbraten, bis es leicht gebräunt ist. Frühlingszwiebeln dazugeben und 1 Minute mitbraten. Restliche Sojasauce mit Zucker und einer Prise Pfeffer mischen. In die Sauce einrühren, aufkochen, zudecken und ca. 30 Minuten köcheln lassen, bis das Schweinefleisch zart ist.

Schweinefleisch mit Pilzen

Für 4

25 g getrocknete chinesische Pilze

30 ml/2 EL Erdnussöl (Erdnussöl)

1 Knoblauchzehe, gehackt

225 g mageres Schweinefleisch, in Streifen geschnitten

4 Frühlingszwiebeln (Frühlingszwiebeln), gehackt

15 ml/1 EL Sojasauce

15 ml/1 EL Reiswein oder trockener Sherry

5 ml/1 TL Sesamöl

Die Champignons 30 Minuten in warmem Wasser einweichen und dann abtropfen lassen. Die Stiele wegwerfen und die Kappen in Scheiben schneiden. Das Öl erhitzen und den Knoblauch anbraten, bis er leicht gebräunt ist. Fügen Sie das Schweinefleisch hinzu und braten Sie es an, bis es braun ist. Frühlingszwiebeln, Champignons, Sojasauce und Wein oder Sherry unterrühren und 3 Minuten mitbraten. Sesamöl einrühren und sofort servieren.

Gedämpfter Fleischkuchen

Für 4

450 g Schweinehackfleisch (

4 Wasserkastanien, fein gehackt

225 g Champignons, fein gehackt

5 ml/1 TL Sojasauce

Salz und frisch gemahlener Pfeffer

1 Ei, leicht geschlagen

Alle Zutaten gut miteinander vermischen und die Masse auf einer ofenfesten Platte zu einem flachen Kuchen formen. Den Teller auf einen Rost in einen Dampfgarer stellen, abdecken und 1½ Stunden dämpfen.

Rotgegartes Schweinefleisch mit Pilzen

Für 4

450 g mageres Schweinefleisch, gewürfelt

250 ml/8 fl oz/1 Tasse Wasser

15 ml/1 EL Sojasauce

15 ml/1 EL Reiswein oder trockener Sherry

5 ml/1 TL Zucker

5 ml/1 TL Salz

225 g Champignons

Schweinefleisch und Wasser in einen Topf geben und das Wasser zum Kochen bringen. Zugedeckt 30 Minuten köcheln lassen, dann abgießen, dabei die Brühe auffangen. Das Schweinefleisch wieder in die Pfanne geben und die Sojasauce hinzufügen. Bei schwacher Hitze unter Rühren köcheln lassen, bis die Sojasauce absorbiert ist. Wein oder Sherry, Zucker und Salz einrühren. Mit der reservierten Brühe aufgießen, aufkochen, zugedeckt ca. 30 Minuten köcheln lassen, dabei das Fleisch gelegentlich wenden. Champignons zugeben und weitere 20 Minuten köcheln lassen.

Schweinefleisch mit Nudelpfannkuchen

Für 4

30 ml/2 EL Erdnussöl (Erdnussöl)

5 ml/2 TL Salz

225 g mageres Schweinefleisch, in Streifen geschnitten

225 g Chinakohl, zerkleinert

100 g Bambussprossen, zerkleinert

100 g Champignons, in dünne Scheiben geschnitten

150 ml/¼ pt/großzügige ½ Tasse Hühnerbrühe

10 ml/2 TL Speisestärke (Maisstärke)

15 ml/1 EL Reiswein oder trockener Sherry

15 ml/1 EL Wasser

Nudelpfannkuchen

Das Öl erhitzen und das Salz und das Schweinefleisch anbraten, bis es eine leichte Farbe hat. Kohl, Bambussprossen und Champignons dazugeben und 1 Minute mitbraten. Brühe hinzufügen, aufkochen, abdecken und 4 Minuten köcheln lassen, bis das Schweinefleisch gar ist. Maizena mit Wein oder Sherry und Wasser zu einer Paste verrühren, in die Pfanne rühren und unter Rühren köcheln lassen, bis die Sauce klar und dickflüssig wird. Zum Servieren über den Nudelpfannkuchen gießen.

Schweinefleisch und Garnelen mit Nudelpfannkuchen

Für 4

30 ml/2 EL Erdnussöl (Erdnussöl)

5 ml/1 TL Salz

4 Frühlingszwiebeln (Frühlingszwiebeln), gehackt

1 Knoblauchzehe, zerdrückt

225 g mageres Schweinefleisch, in Streifen geschnitten

100 g Champignons, in Scheiben geschnitten

4 Stangen Sellerie, in Scheiben geschnitten

225 g geschälte Garnelen

30 ml/2 EL Sojasauce

10 ml/1 TL Speisestärke (Maisstärke)

45 ml/3 EL Wasser

Nudelpfannkuchen

Öl und Salz erhitzen und Frühlingszwiebeln und Knoblauch anbraten, bis sie weich sind. Fügen Sie das Schweinefleisch hinzu und braten Sie es leicht an, bis es leicht gebräunt ist. Champignons und Sellerie dazugeben und 2 Minuten mitbraten. Die Garnelen dazugeben, mit Sojasauce bestreuen und rühren, bis sie heiß sind. Speisestärke und Wasser zu einer Paste verrühren, in die Pfanne rühren und unter Rühren köcheln lassen, bis sie heiß ist. Zum Servieren über den Nudelpfannkuchen gießen.

Schweinefleisch mit Austernsauce

Für 4–6

450 g mageres Schweinefleisch

15 ml/1 EL Speisestärke (Maisstärke)

10 ml/2 TL Reiswein oder trockener Sherry

eine Prise Zucker

45 ml/3 EL Erdnussöl (Erdnussöl)

10 ml/2 TL Wasser

30 ml/2 EL Austernsauce

frisch gemahlener Pfeffer

1 Scheibe Ingwerwurzel, gehackt

60 ml/4 EL Hühnerbrühe

Das Schweinefleisch gegen die Faser in dünne Scheiben schneiden. 5 ml / 1 TL Speisestärke mit Wein oder Sherry, Zucker und 5 ml / 1 TL Öl mischen, zum Schweinefleisch geben und gut umrühren. Restliche Maisstärke mit Wasser, Austernsauce und einer Prise Pfeffer vermischen. Restliches Öl erhitzen und Ingwer 1 Minute anbraten. Fügen Sie das Schweinefleisch hinzu und braten Sie es leicht an, bis es leicht gebräunt ist. Brühe und Wasser-Austernsaucen-Mischung zugeben, aufkochen, zudecken und 3 Minuten köcheln lassen.

Für 4

450 g mageres Schweinefleisch, gewürfelt

15 ml/1 EL Speisestärke (Maisstärke)

5 ml/1 TL Salz

1 Eiweiß

3 Frühlingszwiebeln (Frühlingszwiebeln), gehackt

1 Knoblauchzehe, gehackt

1 Scheibe Ingwerwurzel, gehackt

45 ml/3 EL Hühnerbrühe

15 ml/1 EL Reiswein oder trockener Sherry

15 ml/1 EL Sojasauce

10 ml/2 TL schwarzer Sirup

45 ml/3 EL Erdnussöl (Erdnussöl)

½ Gurke, gewürfelt

25 g geschälte Erdnüsse

5 ml/1 TL Chiliöl

Das Schweinefleisch mit der Hälfte der Maisstärke, dem Salz und dem Eiweiß mischen und gut umrühren, um das Schweinefleisch zu beschichten. Restliche Maisstärke mit Frühlingszwiebeln, Knoblauch, Ingwer, Brühe, Wein oder Sherry, Sojasauce und Sirup vermischen. Erhitzen Sie das Öl und braten Sie das Schweinefleisch, bis es leicht gebräunt ist, dann nehmen Sie es aus der Pfanne. Gurke in die Pfanne geben und einige Minuten mitbraten. Das Schweinefleisch wieder in die Pfanne geben und leicht umrühren. Gewürzmischung einrühren, aufkochen und unter Rühren köcheln lassen, bis die Sauce klar wird und eindickt. Erdnüsse und Chiliöl einrühren und vor dem Servieren erhitzen.

Schweinefleisch mit Paprika

Für 4

45 ml/3 EL Erdnussöl (Erdnussöl)

225 g mageres Schweinefleisch, gewürfelt

1 Zwiebel, gewürfelt

2 grüne Paprika, gewürfelt

½ Kopf Chinablätter, gewürfelt

1 Scheibe Ingwerwurzel, gehackt

15 ml/1 EL Sojasauce

15 ml/1 EL Zucker

2,5 ml/½ TL Salz

Das Öl erhitzen und das Schweinefleisch etwa 4 Minuten goldbraun braten. Fügen Sie die Zwiebel hinzu und braten Sie sie etwa 1 Minute lang an. Paprika dazugeben und 1 Minute mitbraten. Die chinesischen Blätter dazugeben und 1 Minute unter Rühren braten. Restliche Zutaten vermischen, in die Pfanne rühren und weitere 2 Minuten unter Rühren braten.

Würziges Schweinefleisch mit Gurken

Für 4

900 g Schweinekoteletts

30 ml/2 EL Speisestärke (Maisstärke)

45 ml/3 EL Sojasauce

30 ml/2 EL süßer Sherry

5 ml/1 TL geriebene Ingwerwurzel

2,5 ml/½ TL Fünf-Gewürze-Pulver

Prise frisch gemahlener Pfeffer

Öl zum Frittieren

60 ml/4 EL Hühnerbrühe

Chinesisches eingelegtes Gemüse

Schneide die Koteletts ab und entferne alles Fett und Knochen. Maisstärke, 30 ml/2 EL Sojasauce, Sherry, Ingwer, Fünf-Gewürze-Pulver und Pfeffer mischen. Über das Schweinefleisch gießen und umrühren, bis es vollständig bedeckt ist. Zugedeckt 2 Stunden marinieren lassen, dabei gelegentlich wenden. Das Öl erhitzen und das Schweinefleisch frittieren, bis es goldbraun und durchgegart ist. Auf Küchenpapier abtropfen lassen. Das Schweinefleisch in dicke Scheiben schneiden, in eine vorgewärmte Servierschüssel geben und warm halten. Brühe und restliche Sojasauce in einem kleinen Topf vermischen.

Aufkochen und über das geschnittene Schweinefleisch gießen.

Mit gemischten Gurken garniert servieren.

Schweinefleisch mit Pflaumensauce

Für 4

450 g Schweineschmorbraten, gewürfelt

2 Zehen Knoblauch, zerdrückt

Salz-

60 ml/4 EL Tomatenketchup (Katsup)

30 ml/2 EL Sojasauce

45 ml/3 EL Pflaumensauce

5 ml/1 TL Currypulver

5 ml/1 TL Paprika

2,5 ml/½ TL frisch gemahlener Pfeffer

45 ml/3 EL Erdnussöl (Erdnussöl)

6 Frühlingszwiebeln (Frühlingszwiebeln), in Streifen geschnitten

4 Karotten, in Streifen geschnitten

Das Fleisch mit Knoblauch, Salz, Tomatenketchup, Sojasauce, Pflaumensauce, Currypulver, Paprika und Pfeffer 30 Minuten marinieren. Öl erhitzen und das Fleisch anbraten, bis es leicht gebräunt ist. Aus dem Wok nehmen. Das Gemüse in das Öl geben und anbraten, bis es gerade zart ist. Das Fleisch wieder in die Pfanne geben und vor dem Servieren leicht erhitzen.

Serviert 6–8

900 g mageres Schweinefleisch

30 ml/2 EL Erdnussöl (Erdnussöl)

1 Zwiebel, in Scheiben geschnitten

1 Frühlingszwiebel (Schalzwiebel), gehackt

2 Zehen Knoblauch, zerdrückt

30 ml/2 EL Sojasauce

50 g geschälte Garnelen, gehackt

(Boden)

600 ml/1 pt/2½ Tassen kochendes Wasser

15 ml/1 EL Zucker

Einen Topf mit Wasser zum Kochen bringen, das Schweinefleisch hinzufügen, abdecken und 10 Minuten köcheln lassen. Aus der Pfanne nehmen und gut abtropfen lassen, dann in Würfel schneiden. Öl erhitzen und Zwiebel, Frühlingszwiebel und Knoblauch anbraten, bis sie leicht gebräunt sind. Das Schweinefleisch hinzufügen und braten, bis es leicht gebräunt ist. Sojasauce und Garnelen dazugeben und 1 Minute mitbraten. Das kochende Wasser und den Zucker dazugeben, zugedeckt etwa 40 Minuten köcheln lassen, bis das Schweinefleisch zart ist.

Reis mit Rindfleisch

Für 4

225 g Langkornreis

100 g Rinderhackfleisch

1 Scheibe Ingwerwurzel, gehackt

15 ml/1 EL Sojasauce

15 ml/1 EL Reiswein oder trockener Sherry

5 ml/1 TL Erdnussöl (Erdnussöl)

2,5 ml/½ TL Zucker

2,5 ml/½ TL Salz

Den Reis in eine große Pfanne geben und aufkochen. Zugedeckt etwa 10 Minuten köcheln lassen, bis die meiste Flüssigkeit aufgesogen ist. Restliche Zutaten vermischen, auf dem Reis anrichten, zugedeckt weitere 20 Minuten bei schwacher Hitze garen. Verrühren Sie die Zutaten vor dem Servieren.

Für 4

225 g Langkornreis

375 ml/13 fl oz/1½ Tassen Hühnerbrühe

Salz-

2 gekochte Hühnerleber, in dünne Scheiben geschnitten

Reis und Brühe in einen großen Topf geben und aufkochen. Zugedeckt etwa 10 Minuten köcheln lassen, bis der Reis fast weich ist. Deckel abnehmen und weiterköcheln lassen, bis die meiste Brühe aufgesogen ist. Mit Salz abschmecken, die Hühnerleber einrühren und vor dem Servieren leicht erhitzen.

Reis mit Hühnchen und Pilzen

Für 4

225 g Langkornreis

100 g Hühnerfleisch, zerkleinert

100 g Champignons, gewürfelt

5 ml/1 TL Speisestärke (Maisstärke)

5 ml/1 TL Sojasauce

5 ml/1 TL Reiswein oder trockener Sherry

Prise Salz

15 ml/1 EL gehackte Frühlingszwiebeln (Frühlingszwiebeln)

15 ml/1 EL Austernsauce

Den Reis in eine große Pfanne geben und aufkochen. Zugedeckt etwa 10 Minuten köcheln lassen, bis die meiste Flüssigkeit aufgesogen ist. Alle restlichen Zutaten bis auf die Frühlingszwiebeln und die Austernsauce mischen, auf dem Reis anrichten, zugedeckt weitere 20 Minuten bei schwacher Hitze garen. Die Zutaten verrühren und vor dem Servieren mit Frühlingszwiebeln und Austernsauce bestreuen.

Kokosreis

Für 4

225 g/8 oz/1 Tasse Reis mit thailändischem Duft

1 l/1¾ pts/4¼ Tassen Kokosmilch

150 ml/¼ pt/großzügige ½ Tasse Kokoscreme

1 Zweig Koriander, gehackt

Prise Salz

Alle Zutaten in einer Pfanne aufkochen, abdecken und den Reis bei kleiner Hitze ca. 25 Minuten unter gelegentlichem Rühren quellen lassen.

Krabbenfleisch Reis

Für 4

225 g Langkornreis

100 g Krabbenfleisch, in Flocken

2 Scheiben Ingwerwurzel, gehackt

15 ml/1 EL Sojasauce

15 ml/1 EL Reiswein oder trockener Sherry

5 ml/1 TL Erdnussöl (Erdnussöl)

5 ml/1 TL Speisestärke (Maisstärke)

Salz und frisch gemahlener Pfeffer

Den Reis in eine große Pfanne geben und aufkochen. Zugedeckt etwa 10 Minuten köcheln lassen, bis die meiste Flüssigkeit aufgesogen ist. Restliche Zutaten vermischen, auf dem Reis anrichten, zugedeckt weitere 20 Minuten bei schwacher Hitze garen. Verrühren Sie die Zutaten vor dem Servieren.

Für 4

225 g Langkornreis

350 g Erbsen

30 ml/2 EL Sojasauce

Reis und Brühe in einen großen Topf geben und aufkochen. Die Erbsen dazugeben, zugedeckt etwa 20 Minuten köcheln lassen, bis der Reis fast weich ist. Deckel abnehmen und weiterköcheln lassen, bis die meiste Flüssigkeit aufgesogen ist. Abdecken und 5 Minuten vom Herd nehmen lassen, dann mit Sojasauce bestreut servieren.

Pfeffer Reis

Für 4

225 g Langkornreis

2 Frühlingszwiebeln (Frühlingszwiebeln), gehackt

1 rote Paprika, gewürfelt

45 ml/3 EL Sojasauce

30 ml/2 EL Erdnussöl (Erdnussöl)

5 ml/1 TL Zucker

Den Reis in eine Pfanne geben, mit kaltem Wasser bedecken, aufkochen, zugedeckt ca. 20 Minuten köcheln lassen, bis er weich ist. Gut abtropfen lassen, dann Frühlingszwiebeln, Pfeffer, Sojasauce, Öl und Zucker einrühren. In eine vorgewärmte Servierschüssel geben und sofort servieren.

Pochierter Eierreis

Für 4

225 g Langkornreis

4 Eier

15 ml/1 EL Austernsauce

Den Reis in eine Pfanne geben, mit kaltem Wasser bedecken, aufkochen, zugedeckt ca. 10 Minuten köcheln lassen, bis er weich ist. Abgießen und auf einer vorgewärmten Servierplatte anrichten. Währenddessen einen Topf mit Wasser zum Kochen bringen, die Eier vorsichtig unterschlagen und einige Minuten pochieren, bis das Eiweiß fest, aber die Eier noch feucht sind. Mit einem Schaumlöffel aus der Pfanne heben und auf dem Reis anrichten. Mit Austernsauce bestreut servieren.

Reis nach Singapur-Art

Für 4

225 g Langkornreis

5 ml/1 TL Salz

1,2 l/2 pts/5 Tassen Wasser

Den Reis waschen und mit Salz und Wasser in einen Topf geben. Aufkochen lassen, dann die Hitze reduzieren und etwa 15 Minuten köcheln lassen, bis der Reis weich ist. In einem Sieb abtropfen lassen und vor dem Servieren mit heißem Wasser abspülen.

Langsamer Reis

Für 4

225 g Langkornreis

5 ml/1 TL Salz

15 ml/1 EL Öl

750 ml/1¼ pts/3 Tassen Wasser

Den Reis waschen und mit Salz, Öl und Wasser in eine ofenfeste Form geben. Zugedeckt im vorgeheizten Backofen bei 120°C/250°F/Gas Stufe ½ ca. 1 Stunde backen, bis das gesamte Wasser aufgesogen ist.

Gedämpfter Ofenreis

Für 4

225 g Langkornreis

5 ml/1 TL Salz

450 ml/¾ pt/2 Tassen Wasser

Reis, Salz und Wasser in eine Auflaufform geben, abdecken und im vorgeheizten Backofen bei 180°C/350°F/Gasstufe 4 ca. 30 Minuten backen.

Gebratener Reis

Für 4

225 g Langkornreis

750 ml/1¼ pts/3 Tassen Wasser

30 ml/2 EL Erdnussöl (Erdnussöl)

1 Ei, geschlagen

2 Zehen Knoblauch, zerdrückt

Prise Salz

1 Zwiebel, fein gehackt

3 Frühlingszwiebeln (Frühlingszwiebeln), gehackt

2,5 ml/½ TL schwarzer Sirup

Reis und Wasser in einen Topf geben, aufkochen, abdecken und ca. 20 Minuten köcheln lassen, bis der Reis gar ist. Gut abtropfen lassen. 5 ml/1 TL Öl erhitzen und das Ei einfüllen. Kochen, bis es auf dem Boden fest wird, dann wenden und weiterkochen, bis es fest wird. Aus der Pfanne nehmen und in Streifen schneiden. Das restliche Öl mit dem Knoblauch und Salz in die Pfanne geben und braten, bis der Knoblauch hellgolden wird. Zwiebel und Reis dazugeben und 2 Minuten mitbraten. Frühlingszwiebeln dazugeben und 2 Minuten mitbraten. Den schwarzen Sirup einrühren, bis der Reis bedeckt ist, dann die Eierstreifen einrühren und servieren.

Gebratener Reis mit Mandeln

Für 4

250 ml/8 fl oz/1 Tasse Erdnussöl (Erdnussöl)

50 g gemahlene Mandeln

4 Eier, geschlagen

450 g/1 lb/3 Tassen gekochter Langkornreis

5 ml/1 TL Salz

3 Scheiben Kochschinken, in Streifen geschnitten

2 Schalotten, fein gehackt

15 ml/1 EL Sojasauce

Öl erhitzen und die Mandeln goldbraun braten. Aus der Pfanne nehmen und auf Küchenpapier abtropfen lassen. Gießen Sie das meiste Öl aus der Pfanne, erhitzen Sie es erneut und gießen Sie die Eier unter ständigem Rühren hinzu. Reis und Salz hinzufügen und 5 Minuten kochen lassen, dabei anheben und schnell umrühren, damit die Reiskörner mit dem Ei überzogen sind. Schinken, Schalotten und Sojasauce unterrühren und weitere 2 Minuten kochen. Die meisten Mandeln unterheben und mit den restlichen Mandeln garniert servieren.

Gebratener Reis mit Speck und Ei

Für 4

45 ml/3 EL Erdnussöl (Erdnussöl)

225 g Speck, gehackt

1 Zwiebel, fein gehackt

3 Eier, geschlagen

225 g gekochter Langkornreis

Öl erhitzen und Speck und Zwiebel anbraten, bis sie leicht gebräunt sind. Fügen Sie die Eier hinzu und braten Sie sie, bis die Eier fast gar sind. Fügen Sie den Reis hinzu und braten Sie ihn, bis der Reis durchgewärmt ist.

Gebratener Reis vom Rind

Für 4

225 g mageres Rindfleisch, in Streifen geschnitten

15 ml/1 EL Speisestärke (Maisstärke)

15 ml/1 EL Sojasauce

15 ml/1 EL Reiswein oder trockener Sherry

5 ml/1 TL Zucker

75 ml/5 EL Erdnussöl (Erdnussöl)

1 Zwiebel, gehackt

450 g/1 lb/3 Tassen gekochter Langkornreis

45 ml/3 EL Hühnerbrühe

Das Rindfleisch mit Maisstärke, Sojasauce, Wein oder Sherry und Zucker mischen. Die Hälfte des Öls erhitzen und die Zwiebel glasig braten. Das Rindfleisch dazugeben und 2 Minuten braten. Aus der Pfanne nehmen. Restliches Öl erhitzen, Reis dazugeben und 2 Minuten braten. Brühe hinzufügen und erhitzen. Die Hälfte der Rindfleisch-Zwiebel-Mischung hinzufügen und heiß rühren, dann auf eine vorgewärmte Servierplatte geben und mit dem restlichen Rindfleisch und den Zwiebeln belegen.

Gebratener Reis mit Hackfleisch

Für 4

30 ml/2 EL Erdnussöl (Erdnussöl)

1 Knoblauchzehe, zerdrückt

Prise Salz

30 ml/2 EL Sojasauce

30 ml/2 EL Hoisinsauce

450 g Rinderhackfleisch

1 Zwiebel, gewürfelt

1 Karotte, gewürfelt

1 Lauch, gewürfelt

450 g gekochter Langkornreis

Öl erhitzen und Knoblauch und Salz anbraten, bis sie leicht gebräunt sind. Fügen Sie die Soja- und Hoisin-Saucen hinzu und rühren Sie, bis sie erhitzt sind. Fügen Sie das Rindfleisch hinzu und braten Sie es, bis es braun und krümelig ist. Fügen Sie das Gemüse hinzu und braten Sie es unter häufigem Rühren an, bis es weich ist. Fügen Sie den Reis hinzu und braten Sie ihn unter ständigem Rühren, bis er erhitzt und mit den Saucen bedeckt ist.

Gebratener Reis mit Rindfleisch und Zwiebeln

Für 4

450 g mageres Rindfleisch, in dünne Scheiben geschnitten

45 ml/3 EL Sojasauce

15 ml/1 EL Reiswein oder trockener Sherry

Salz und frisch gemahlener Pfeffer

15 ml/1 EL Speisestärke (Maisstärke)

45 ml/3 EL Erdnussöl (Erdnussöl)

1 Zwiebel, gehackt

225 g gekochter Langkornreis

Das Rindfleisch in Sojasauce, Wein oder Sherry, Salz, Pfeffer und Speisestärke 15 Minuten marinieren. Das Öl erhitzen und die Zwiebel anbraten, bis sie leicht gebräunt ist. Rindfleisch und Marinade zugeben und 3 Minuten braten. Fügen Sie den Reis hinzu und braten Sie ihn, bis er erhitzt ist.

Gebratener Reis mit Huhn

Für 4

225 g Langkornreis

750 ml/1¼ pts/3 Tassen Wasser

30 ml/2 EL Erdnussöl (Erdnussöl)

2 Zehen Knoblauch, zerdrückt

Prise Salz

1 Zwiebel, fein gehackt

3 Frühlingszwiebeln (Frühlingszwiebeln), gehackt

100 g gekochtes Hühnchen, zerkleinert

15 ml/1 EL Sojasauce

Reis und Wasser in einen Topf geben, aufkochen, abdecken und ca. 20 Minuten köcheln lassen, bis der Reis gar ist. Gut abtropfen lassen. Öl erhitzen und Knoblauch und Salz anbraten, bis der Knoblauch hellgolden wird. Zwiebel dazugeben und 1 Minute mitbraten. Den Reis dazugeben und 2 Minuten mitbraten. Frühlingszwiebeln und Hähnchen dazugeben und 2 Minuten braten. Sojasauce einrühren, bis der Reis bedeckt ist.

Ente gebratener Reis

Für 4

4 getrocknete chinesische Pilze

45 ml/3 EL Erdnussöl (Erdnussöl)

2 Frühlingszwiebeln (Frühlingszwiebeln), in Scheiben geschnitten

225 g Chinakohl, zerkleinert

100 g gekochte Ente, zerkleinert

45 ml/3 EL Sojasauce

15 ml/1 EL Reiswein oder trockener Sherry

350 g gekochter Langkornreis

45 ml/3 EL Hühnerbrühe

Die Champignons 30 Minuten in warmem Wasser einweichen und dann abtropfen lassen. Entsorgen Sie die Stiele und hacken Sie die Kappen. Die Hälfte des Öls erhitzen und die Frühlingszwiebeln glasig braten. Chinakohl dazugeben und 1 Minute mitbraten. Ente, Sojasauce und Wein oder Sherry dazugeben und 3 Minuten braten. Aus der Pfanne nehmen. Restliches Öl erhitzen und den Reis braten, bis er mit Öl bedeckt ist. Brühe zugeben, aufkochen und 2 Minuten unter Rühren braten. Geben Sie die Entenmischung zurück in die Pfanne und rühren Sie, bis sie vor dem Servieren erhitzt ist.

Schinken gebratener Reis

Für 4

30 ml/2 EL Erdnussöl (Erdnussöl)

1 Ei, geschlagen

1 Knoblauchzehe, zerdrückt

350 g gekochter Langkornreis

1 Zwiebel, fein gehackt

1 grüne Paprika, gehackt

100 g Schinken, gehackt

50 g Wasserkastanien, in Scheiben geschnitten

50 g Bambussprossen, gehackt

15 ml/1 EL Sojasauce

15 ml/1 EL Reiswein oder trockener Sherry

15 ml/1 EL Austernsauce

Etwas Öl in einer Pfanne erhitzen und das Ei dazugeben, dabei die Pfanne kippen, damit es sich in der Pfanne ausbreitet. Kochen, bis die Unterseite leicht gebräunt ist, dann wenden und die andere Seite backen. Aus der Pfanne nehmen und einschneiden und den Knoblauch anbraten, bis er leicht gebräunt ist. Reis, Zwiebel und Paprika zugeben und 3 Minuten braten. Schinken, Wasserkastanien und Bambussprossen zugeben und 5 Minuten mitbraten. Die restlichen Zutaten dazugeben und etwa 4

Minuten unter Rühren braten. Mit den Eierstreifen bestreut servieren.

Geräucherter Schinkenreis mit Brühe

Für 4

30 ml/2 EL Erdnussöl (Erdnussöl)
3 Eier, geschlagen
350 g gekochter Langkornreis
600 ml/1 pt/2½ Tassen Hühnerbrühe
100 g Räucherschinken, zerkleinert
100 g Bambussprossen, in Scheiben geschnitten

Das Öl erhitzen und dann die Eier einfüllen. Wenn sie zu fest werden, den Reis hinzufügen und 2 Minuten braten. Brühe und Schinken dazugeben und aufkochen. 2 Minuten köcheln lassen, dann die Bambussprossen hinzufügen und servieren.

In Schmalz gebratener Reis

Für 4

45 ml/3 EL Erdnussöl (Erdnussöl)

3 Frühlingszwiebeln (Frühlingszwiebeln), gehackt

100 g Schweinebraten, gewürfelt

350 g gekochter Langkornreis

30 ml/2 EL Sojasauce

2,5 ml/½ TL Salz

2 Eier, geschlagen

Öl erhitzen und die Frühlingszwiebeln glasig dünsten. Fügen Sie das Schweinefleisch hinzu und rühren Sie, bis es mit Öl bedeckt ist. Reis, Sojasauce und Salz dazugeben und 3 Minuten braten. Fügen Sie die Eier hinzu und heben Sie sie unter, bis sie zu binden beginnen.

Für 4

45 ml/3 EL Erdnussöl (Erdnussöl)

2,5 ml/½ TL Salz

2 Frühlingszwiebeln (Frühlingszwiebeln), gehackt

350 g gekochter Langkornreis

100 g Schweinebraten

225 g geschälte Garnelen

50 g chinesische Blätter, zerkleinert

45 ml/3 EL Sojasauce

Das Öl erhitzen und das Salz und die Frühlingszwiebeln anbraten, bis sie leicht gebräunt sind. Fügen Sie den Reis hinzu und braten Sie ihn an, um die Körner aufzubrechen. Das Schweinefleisch hinzufügen und 2 Minuten braten. Garnelen, chinesische Blätter und Sojasauce zugeben und unter Rühren braten, bis sie heiß sind.

Gebratener Reis mit Garnelen

Für 4

225 g Langkornreis

750 ml/1¼ pts/3 Tassen Wasser

30 ml/2 EL Erdnussöl (Erdnussöl)

2 Zehen Knoblauch, zerdrückt

Prise Salz

1 Zwiebel, fein gehackt

225 g geschälte Garnelen

5 ml/1 TL Sojasauce

Reis und Wasser in einen Topf geben, aufkochen, abdecken und ca. 20 Minuten köcheln lassen, bis der Reis gar ist. Gut abtropfen lassen. Öl mit Knoblauch und Salz erhitzen und braten, bis der Knoblauch leicht golden wird. Reis und Zwiebel dazugeben und 2 Minuten mitbraten. Die Garnelen dazugeben und 2 Minuten braten. Vor dem Servieren Sojasauce einrühren.

Gebratener Reis und Erbsen

Für 4

30 ml/2 EL Erdnussöl (Erdnussöl)

2 Zehen Knoblauch, zerdrückt

5 ml/1 TL Salz

350 g gekochter Langkornreis

225 g blanchierte oder gefrorene Erbsen, aufgetaut

4 Frühlingszwiebeln (Frühlingszwiebeln), fein gehackt

30 ml/2 EL fein gehackte frische Petersilie

Öl erhitzen und Knoblauch und Salz anbraten, bis sie leicht gebräunt sind. Den Reis dazugeben und 2 Minuten mitbraten. Erbsen, Zwiebeln und Petersilie dazugeben und einige Minuten unter Rühren braten, bis sie heiß sind. Heiß oder kalt servieren.

Für 4

30 ml/2 EL Erdnussöl (Erdnussöl)

2 Knoblauchzehen, gehackt

2 Frühlingszwiebeln (Frühlingszwiebeln), in Scheiben geschnitten

50 g Lachs, gehackt

75 g Spinat, gehackt

150 g gekochter Langkornreis

Öl erhitzen und Knoblauch und Frühlingszwiebeln 30 Sekunden anbraten. Lachs dazugeben und 1 Minute braten. Spinat zugeben und 1 Minute braten. Fügen Sie den Reis hinzu und braten Sie ihn, bis er erhitzt und gut vermischt ist.

Spezieller gebratener Reis

Für 4

60 ml/4 EL Erdnussöl (Erdnussöl)

1 Zwiebel, fein gehackt

100 g Speck, gehackt

50 g Schinken, gehackt

50 g gekochtes Hühnchen, zerkleinert

50 g geschälte Garnelen

60 ml/4 EL Sojasauce

30 ml/2 EL Reiswein oder trockener Sherry

Salz und frisch gemahlener Pfeffer

15 ml/1 EL Speisestärke (Maisstärke)

225 g gekochter Langkornreis

2 Eier, geschlagen

100 g Champignons, in Scheiben geschnitten

50 g gefrorene Erbsen

Öl erhitzen und Zwiebel und Speck anbraten, bis sie leicht gebräunt sind. Schinken und Hühnchen dazugeben und 2 Minuten braten. Garnelen, Sojasauce, Wein oder Sherry, Salz, Pfeffer und Maisstärke dazugeben und 2 Minuten unter Rühren braten. Den Reis dazugeben und 2 Minuten mitbraten. Eier,

Champignons und Erbsen dazugeben und 2 Minuten unter Rühren braten, bis sie heiß sind.

Zehn kostbarer Reis

Serviert 6–8

45 ml/3 EL Erdnussöl (Erdnussöl)

1 Frühlingszwiebel (Schalzwiebel), gehackt

100 g mageres Schweinefleisch, zerkleinert

1 Hähnchenbrust, zerkleinert

100 g Schinken, zerkleinert

30 ml/2 EL Sojasauce

30 ml/2 EL Reiswein oder trockener Sherry

5 ml/1 TL Salz

350 g gekochter Langkornreis

250 ml / 1 Tasse Hühnerbrühe

100 g Bambussprossen, in Streifen geschnitten

50 g Wasserkastanien, in Scheiben geschnitten

Öl erhitzen und die Frühlingszwiebeln glasig braten. Das Schweinefleisch hinzufügen und 2 Minuten braten. Hähnchen und Schinken dazugeben und 2 Minuten braten. Sojasauce, Sherry und Salz einrühren. Reis und Brühe einrühren und aufkochen. Bambussprossen und Wasserkastanien zugeben, zugedeckt 30 Minuten köcheln lassen.

Gebratener Thunfischreis

Für 4

30 ml/2 EL Erdnussöl (Erdnussöl)

2 Zwiebeln, in Scheiben geschnitten

1 grüne Paprika, gehackt

450 g/1 lb/3 Tassen gekochter Langkornreis

Salz-

3 Eier, geschlagen

300 g Thunfisch aus der Dose, in Flocken

30 ml/2 EL Sojasauce

2 Schalotten, fein gehackt

Erhitzen Sie das Öl und braten Sie die Zwiebeln an, bis sie weich sind. Paprika dazugeben und 1 Minute braten. Auf eine Seite der Pfanne drücken. Den Reis dazugeben, mit Salz bestreuen und 2 Minuten unter Rühren braten, dabei nach und nach den Pfeffer und die Zwiebeln untermischen. In die Mitte des Reis eine Mulde drücken, noch etwas Öl einfüllen und die Eier einfüllen. Rühren, bis fast ein Rührei ist, und unter den Reis mischen. Weitere 3 Minuten kochen. Thunfisch und Sojasauce dazugeben und gründlich erhitzen. Mit den gehackten Schalotten bestreut servieren.

Gekochte Eiernudeln

Für 4

10 ml/2 TL Salz

450 g Eiernudeln

30 ml/2 EL Erdnussöl (Erdnussöl)

Wasser in einem Topf zum Kochen bringen, salzen und die Nudeln unterheben. Zurück zum Kochen bringen und etwa 10 Minuten kochen, bis sie weich, aber noch fest sind. Gut abtropfen lassen, in kaltem Wasser abspülen, abtropfen lassen, dann in heißem Wasser abspülen. Vor dem Servieren mit dem Öl beträufeln.

Gedämpfte Eiernudeln

Für 4

10 ml/2 TL Salz

450 g dünne Eiernudeln

Wasser in einem Topf zum Kochen bringen, salzen und die Nudeln unterheben. Gut umrühren, dann abtropfen lassen. Die Nudeln in einem Sieb anrichten, in einen Dampfgarer geben und etwa 20 Minuten über kochendem Wasser dämpfen, bis sie gerade weich sind.

Geworfene Nudeln

Portionen 8

10 ml/2 TL Salz

450 g Eiernudeln

30 ml/2 EL Erdnussöl (Erdnussöl)

gebratenes Gericht

Wasser in einem Topf zum Kochen bringen, salzen und die Nudeln unterheben. Zurück zum Kochen bringen und etwa 10 Minuten kochen, bis sie weich, aber noch fest sind. Gut abtropfen lassen, in kaltem Wasser abspülen, abtropfen lassen, dann in heißem Wasser abspülen. Mit dem Öl mischen, dann vorsichtig mit einer beliebigen gebratenen Mischung mischen und vorsichtig erhitzen, um die Aromen miteinander zu vermischen.

Für 4

225 g dünne Eiernudeln

Salz-

Öl zum Frittieren

Die Nudeln in kochendem Salzwasser nach Packungsanweisung kochen. Gut abtropfen lassen. Mehrere Lagen Küchenpapier auf ein Backblech legen, Nudeln darauf verteilen und mehrere Stunden trocknen lassen. Öl erhitzen und löffelweise Nudeln nacheinander etwa 30 Sekunden goldbraun braten. Auf Küchenpapier abtropfen lassen.

Weichgebratene Nudeln

Für 4

350 g Eiernudeln

75 ml/5 EL Erdnussöl (Erdnussöl)

Salz-

Einen Topf mit Wasser zum Kochen bringen, die Nudeln dazugeben und kochen, bis die Nudeln gerade zart sind. Abgießen und in kaltem Wasser, dann in heißem Wasser abspülen und wieder abtropfen lassen. 15 ml/1 EL Öl einrühren, dann abkühlen lassen und im Kühlschrank kalt stellen. Restliches Öl fast bis zum Rauchpunkt erhitzen. Fügen Sie die Nudeln hinzu und rühren Sie vorsichtig um, bis sie mit Öl bedeckt sind. Hitze reduzieren und einige Minuten weiterrühren, bis die Nudeln außen goldbraun, innen aber weich sind.

Für 4

450 g Eiernudeln

5 ml/1 TL Salz

30 ml/2 EL Erdnussöl (Erdnussöl)

3 Frühlingszwiebeln (Frühlingszwiebeln), in Streifen geschnitten

1 Knoblauchzehe, zerdrückt

2 Scheiben Ingwerwurzel, gehackt

100 g mageres Schweinefleisch, in Streifen geschnitten

100 g Schinken, in Streifen geschnitten

100 g geschälte Garnelen

450 ml/¬æ pt/2 Tassen Hühnerbrühe

30 ml/2 EL Sojasauce

Wasser in einem Topf zum Kochen bringen, salzen und die Nudeln unterheben. Zurück zum Kochen bringen und etwa 5 Minuten kochen lassen, dann abgießen und in kaltem Wasser abspülen.

In der Zwischenzeit das Öl erhitzen und die Frühlingszwiebeln, den Knoblauch und den Ingwer anbraten, bis sie leicht gebräunt sind. Fügen Sie das Schweinefleisch hinzu und braten Sie es an, bis es eine leichte Farbe hat. Schinken und Garnelen dazugeben und mit Brühe, Sojasauce und Nudeln verrühren. Aufkochen, abdecken und 10 Minuten köcheln lassen.

Kalte Nudeln

Für 4

450 g Eiernudeln

5 ml/1 TL Salz

15 ml/1 EL Erdnussöl (Erdnussöl)

225 g Bohnensprossen

225 g Schweinebraten, zerkleinert

1 Gurke, in Streifen geschnitten

12 Radieschen, in Streifen geschnitten

Wasser in einem Topf zum Kochen bringen, salzen und die Nudeln unterheben. Zurück zum Kochen bringen und etwa 10 Minuten kochen, bis sie weich, aber noch fest sind. Gut abtropfen lassen, in kaltem Wasser abspülen und wieder abtropfen lassen. Mit dem Öl beträufeln und dann in einer Servierschale anrichten. Die anderen Zutaten in kleinen Schalen rund um die Nudeln anrichten. Die Gäste servieren eine Auswahl an Zutaten in kleine Schüsseln.

Für 4

225 g dünne Eiernudeln

Salz-

Öl zum Frittieren

Die Nudeln in kochendem Salzwasser nach Packungsanweisung kochen. Gut abtropfen lassen. Mehrere Lagen Küchenpapier auf ein Backblech legen, Nudeln darauf verteilen und mehrere Stunden trocknen lassen. Die Innenseite eines mittelgroßen Siebs mit etwas Öl einpinseln. Eine gleichmäßige Schicht Nudeln etwa 1 cm dick im Sieb verteilen. Ein kleineres Sieb außen mit Öl bestreichen und leicht in das größere drücken. Öl erhitzen, die beiden Siebe in das Öl absenken und ca. 1 Minute braten, bis die Nudeln goldbraun sind. Entfernen Sie vorsichtig die Siebe und fahren Sie bei Bedarf mit einem Messer um die Ränder der Nudeln, um sie zu lösen.

Nudelpfannkuchen

Für 4

225 g Eiernudeln

5 ml/1 TL Salz

75 ml/5 EL Erdnussöl (Erdnussöl)

Wasser in einem Topf zum Kochen bringen, salzen und die Nudeln unterheben. Zurück zum Kochen bringen und etwa 10 Minuten kochen, bis sie weich, aber noch fest sind. Gut abtropfen lassen, in kaltem Wasser abspülen, abtropfen lassen, dann in heißem Wasser abspülen. Mit 15 ml/1 EL Öl beträufeln. Restliches Öl erhitzen. Fügen Sie die Nudeln in die Pfanne, um einen dicken Pfannkuchen zu machen. Braten, bis die Unterseite leicht gebräunt ist, dann wenden und braten, bis sie leicht gebräunt, aber in der Mitte weich sind.

Für 4

4 getrocknete chinesische Pilze

450 g Eiernudeln

30 ml/2 EL Erdnussöl (Erdnussöl)

5 ml/1 TL Salz

3 Frühlingszwiebeln (Frühlingszwiebeln), gehackt

100 g mageres Schweinefleisch, in Streifen geschnitten

100 g Blumenkohlröschen

15 ml/1 EL Speisestärke (Maisstärke)

250 ml / 1 Tasse Hühnerbrühe

15 ml/1 EL Sesamöl

Die Champignons 30 Minuten in warmem Wasser einweichen und dann abtropfen lassen. Die Stiele wegwerfen und die Kappen in Scheiben schneiden. Einen Topf mit Wasser zum Kochen bringen, die Nudeln dazugeben und 5 Minuten kochen lassen, dann abgießen. Öl erhitzen und Salz und Frühlingszwiebeln 30 Sekunden anbraten. Fügen Sie das Schweinefleisch hinzu und braten Sie es an, bis es eine leichte Farbe hat. Blumenkohl und Champignons zugeben und 3 Minuten mitbraten. Speisestärke und Brühe mischen, in die Pfanne rühren, aufkochen, zugedeckt 10 Minuten köcheln lassen, dabei gelegentlich umrühren.

Sesamöl in einer separaten Pfanne erhitzen, Nudeln dazugeben und bei mittlerer Hitze leicht bräunen. In eine vorgewärmte Servierschüssel geben, über die Schweinefleischmischung gießen und servieren.

Rindfleisch Nudeln

Für 4

350 g Eiernudeln

45 ml/3 EL Erdnussöl (Erdnussöl)

450 g Rinderhackfleisch

Salz und frisch gemahlener Pfeffer

1 Knoblauchzehe, zerdrückt

1 Zwiebel, fein gehackt

250 ml/8 fl oz/1 Tasse Rinderfond

100 g Champignons, in Scheiben geschnitten

2 Stangen Sellerie, gehackt

1 grüne Paprika, gehackt

30 ml/2 EL Speisestärke (Maisstärke)

60 ml/4 EL Wasser

15 ml/1 EL Sojasauce

Die Nudeln in kochendem Wasser etwa 8 Minuten kochen, bis sie gerade weich sind, dann abgießen. In der Zwischenzeit das Öl erhitzen und das Rindfleisch mit Salz, Pfeffer, Knoblauch und Zwiebeln leicht bräunen. Brühe, Champignons, Sellerie und Pfeffer zugeben, aufkochen, zudecken und 5 Minuten köcheln lassen. Speisestärke, Wasser und Sojasauce zu einer Paste pürieren, in die Pfanne rühren und unter Rühren köcheln lassen, bis die Sauce eindickt. Die Nudeln auf einer vorgewärmten Servierplatte anrichten und über das Rindfleisch und die Sauce gießen.

Nudeln mit Hühnchen

Für 4

350 g Eiernudeln

100 g Bohnensprossen

45 ml/3 EL Erdnussöl (Erdnussöl)

2,5 ml/¬Ω TL Salz

2 Knoblauchzehen, gehackt

2 Frühlingszwiebeln (Frühlingszwiebeln), gehackt

100 g gekochtes Hühnchen, gewürfelt

5 ml/1 TL Sesamöl

Bringen Sie einen Topf mit Wasser zum Kochen, fügen Sie die Nudeln hinzu und kochen Sie, bis sie gerade zart sind. Die Sojasprossen in kochendem Wasser 3 Minuten blanchieren und dann abtropfen lassen. Öl erhitzen und Salz, Knoblauch und Frühlingszwiebeln anbraten, bis sie weich sind. Fügen Sie das Huhn hinzu und braten Sie es, bis es durchgeheizt ist. Sojasprossen dazugeben und erhitzen. Die Nudeln gut abtropfen lassen, in kaltem Wasser und dann in heißem Wasser abspülen. Sesamöl einrühren und auf einer vorgewärmten Servierplatte anrichten. Mit der Hähnchenmischung belegen und servieren.

Nudeln mit Krebsfleisch

Für 4

350 g Eiernudeln

45 ml/3 EL Erdnussöl (Erdnussöl)

3 Frühlingszwiebeln (Frühlingszwiebeln), gehackt

2 Scheiben Ingwerwurzel, in Streifen geschnitten

350 g Krabbenfleisch, in Flocken

5 ml/1 TL Salz

15 ml/1 EL Reiswein oder trockener Sherry

15 ml/1 EL Speisestärke (Maisstärke)

30 ml/2 EL Wasser

30 ml/2 EL Weinessig

Einen Topf mit Wasser zum Kochen bringen, die Nudeln dazugeben und 10 Minuten kochen lassen, bis sie gerade weich sind. In der Zwischenzeit 30 ml/2 EL Öl erhitzen und die Frühlingszwiebeln und den Ingwer anbraten, bis sie leicht gebräunt sind. Krabbenfleisch und Salz dazugeben, 2 Minuten braten. Fügen Sie den Wein oder Sherry hinzu und braten Sie ihn 1 Minute lang. Maizena und Wasser zu einer Paste verrühren, in die Pfanne rühren und unter Rühren köcheln lassen, bis sie eingedickt ist. Die Nudeln abgießen und in kaltem Wasser und dann in heißem Wasser abspülen. Restliches Öl einrühren und auf einer vorgewärmten Servierplatte anrichten. Mit der Krabbenfleischmischung belegen und mit Weinessig bestreut servieren.

Nudeln in Currysauce

Für 4

450 g Eiernudeln

5 ml/1 TL Salz

30 ml/2 EL Currypulver

1 Zwiebel, in Scheiben geschnitten

75 ml/5 EL Hühnerbrühe

100 g Schweinebraten, zerkleinert

120 ml Tomatenketchup (Catsup)

15 ml/1 EL Hoisinsauce

Salz und frisch gemahlener Pfeffer

Wasser in einem Topf zum Kochen bringen, salzen und die Nudeln unterheben. Zurück zum Kochen bringen und etwa 10 Minuten kochen, bis sie weich, aber noch fest sind. Gut abtropfen lassen, in kaltem Wasser abspülen, abtropfen lassen, dann in heißem Wasser abspülen. In der Zwischenzeit das Currypulver in einer trockenen Pfanne 2 Minuten kochen, dabei die Pfanne schütteln. Fügen Sie die Zwiebel hinzu und rühren Sie, bis sie gut bedeckt ist. Brühe einrühren, dann das Schweinefleisch hinzufügen und aufkochen. Tomatenketchup, Hoisinsauce, Salz und Pfeffer einrühren und unter Rühren köcheln lassen, bis sie heiß sind. Die Nudeln in einer vorgewärmten Servierschale anrichten, mit der Sauce übergießen und servieren.

Dan-Dan-Nudeln

Für 4

100 g Eiernudeln

45 ml/3 EL Senf

60 ml/4 EL Sesamsauce

60 ml/4 EL Erdnussöl (Erdnussöl)

20 ml/4 TL Salz

4 Frühlingszwiebeln (Frühlingszwiebeln), gehackt

60 ml/4 EL Sojasauce

60 ml/4 EL Erdnüsse, gemahlen

60 ml/4 EL Hühnerbrühe

Die Nudeln in kochendem Wasser etwa 10 Minuten kochen, bis sie weich sind, dann gut abtropfen lassen. Restliche Zutaten vermischen, über die Nudeln gießen und vor dem Servieren gut vermengen.

Nudeln mit Eiersauce

Für 4

225 g Eiernudeln

750 ml/1° pts/3 Tassen Hühnerbrühe

45 ml/3 EL Sojasauce

45 ml/3 EL Reiswein oder trockener Sherry

15 ml/1 EL Erdnussöl (Erdnussöl)

3 Frühlingszwiebeln (Frühlingszwiebeln), in Streifen geschnitten

3 Eier, geschlagen

Einen Topf mit Wasser zum Kochen bringen, die Nudeln dazugeben, wieder aufkochen und 10 Minuten köcheln lassen, bis sie gerade weich sind. Abgießen und in einer vorgewärmten Servierschüssel anrichten. In der Zwischenzeit die Brühe mit Sojasauce und Wein oder Sherry aufkochen. In einer separaten Pfanne das Öl erhitzen und die Frühlingszwiebeln anbraten, bis sie weich sind. Fügen Sie die Eier hinzu, rühren Sie dann die heiße Brühe ein und rühren Sie bei mittlerer Hitze weiter, bis die Mischung zum Kochen kommt. Die Sauce über die Nudeln gießen und servieren.

Für 4

900 ml/1 pts/4 ¬° Tassen Hühnerbrühe

15 ml/1 EL Erdnussöl (Erdnussöl)

225 g Eiernudeln

2,5 ml/¬Ω TL Sesamöl

4 Frühlingszwiebeln (Frühlingszwiebeln), gerieben

2 Scheiben Ingwerwurzel, zerkleinert

15 ml/1 EL Austernsauce

Die Brühe zum Kochen bringen, das Öl und die Nudeln dazugeben und ohne Deckel ca. 15 Minuten köcheln lassen, bis sie weich sind. Die Nudeln auf eine vorgewärmte Servierplatte geben und Sesamöl, Frühlingszwiebeln und Ingwer in den Wok geben. Ohne Deckel 5 Minuten köcheln lassen, bis das Gemüse leicht weich und die Brühe reduziert ist. Das Gemüse mit etwas Brühe über die Nudeln geben. Mit Austernsauce bestreuen und sofort servieren.

Scharf-saure Nudeln

Für 4

225 g Eiernudeln

15 ml/1 EL Sojasauce

15 ml/1 EL Chiliöl

15 ml/1 EL Rotweinessig

1 Knoblauchzehe, zerdrückt

2 Frühlingszwiebeln (Frühlingszwiebeln), gehackt

5 ml/1 TL frisch gemahlener Pfeffer

Die Nudeln in kochendem Wasser etwa 10 Minuten kochen, bis sie weich sind. Gut abtropfen lassen und in eine vorgewärmte Servierschüssel geben. Restliche Zutaten vermischen, über die Nudeln gießen und vor dem Servieren gut vermengen.

Für 4

4 getrocknete chinesische Pilze

30 ml/2 EL Erdnussöl (Erdnussöl)

225 g mageres Schweinefleisch, in Scheiben

100 g Champignons, in Scheiben geschnitten

4 Frühlingszwiebeln (Frühlingszwiebeln), geschnitten

15 ml/1 EL Sojasauce

15 ml/1 EL Reiswein oder trockener Sherry

600 ml/1 pt/2Ω Tassen Hühnerbrühe

350 g Eiernudeln

30 ml/2 EL Speisestärke (Maisstärke)

2 Eier, leicht geschlagen

Salz und frisch gemahlener Pfeffer

Die Champignons 30 Minuten in warmem Wasser einweichen und dann abtropfen lassen. Die Stiele wegwerfen und die Kappen in Scheiben schneiden. Das Öl erhitzen und das Schweinefleisch anbraten, bis es eine leichte Farbe hat. Die getrockneten und frischen Champignons und Frühlingszwiebeln dazugeben und 2 Minuten mitbraten. Sojasauce, Wein oder Sherry und Brühe dazugeben, aufkochen, zudecken und 30 Minuten köcheln lassen.

Währenddessen einen Topf mit Wasser zum Kochen bringen, die Nudeln dazugeben und ca. 10 Minuten kochen lassen, bis die Nudeln zart, aber noch fest sind. Abgießen, in kaltem, dann heißem Wasser abspülen, wieder abtropfen lassen und in einer vorgewärmten Servierschale anrichten. Maizena mit etwas Wasser verrühren, in die Pfanne rühren und unter Rühren köcheln lassen, bis die Sauce klar und dickflüssig wird. Eier nach und nach einrühren und mit Salz und Pfeffer würzen. Zum Servieren die Sauce über die Nudeln gießen.

Nudeln mit pochierten Eiern

Für 4

350 g Reisnudeln

4 Eier

30 ml/2 EL Erdnussöl (Erdnussöl)

1 Knoblauchzehe, gehackt

100 g gekochter Schinken, fein gehackt

45 ml/3 EL Tomatenmark (Paste)

120 ml/4 fl oz/¬Ω Tasse Wasser

5 ml/1 TL Zucker

5 ml/1 TL Salz

Sojasauce

Einen Topf mit Wasser zum Kochen bringen, die Nudeln dazugeben und etwa 8 Minuten köcheln lassen, bis sie gerade gar sind. Abgießen und in kaltem Wasser abspülen. Auf einer vorgewärmten Servierplatte in Nestformen anrichten. In der Zwischenzeit die Eier pochieren und auf jedes Nest legen. Erhitzen Sie das Öl und braten Sie den Knoblauch 30 Sekunden lang an. Den Schinken dazugeben und 1 Minute mitbraten. Alle restlichen Zutaten außer der Sojasauce hinzufügen und unter Rühren braten, bis sie durchgebraten sind. Über die Eier gießen, mit Sojasauce bestreuen und sofort servieren.

Nudeln mit Schweinefleisch und Gemüse

Für 4

350 g Reisnudeln

75 ml/5 EL Erdnussöl (Erdnussöl)

225 g mageres Schweinefleisch, zerkleinert

100 g Bambussprossen, zerkleinert

100 g Chinakohl, zerkleinert

450 ml/¬œ pt/2 Tassen Hühnerbrühe

10 ml/2 TL Speisestärke (Maisstärke)

45 ml/3 EL Wasser

Die Nudeln etwa 6 Minuten kochen, bis sie gar, aber noch fest sind, dann abtropfen lassen. 45 ml/3 EL Öl erhitzen und das Schweinefleisch 2 Minuten braten. Bambussprossen und Kohl zugeben und 1 Minute mitbraten. Brühe zugeben, aufkochen, zudecken und 4 Minuten köcheln lassen. Speisestärke und Wasser mischen, in die Pfanne rühren und unter Rühren köcheln lassen, bis die Sauce eindickt. Restliches Öl erhitzen und die Nudeln anbraten, bis sie leicht gebräunt sind. Auf eine vorgewärmte Servierplatte geben, mit der Schweinefleischmischung bedecken und servieren.

Transparente Nudeln mit Hackfleisch

Für 4

200 g transparente Nudeln

Öl zum Frittieren

75 ml/5 EL Erdnussöl (Erdnussöl)

225 g gehacktes (gemahlenes) Schweinefleisch

25 g Chilibohnenpaste

2 Frühlingszwiebeln (Frühlingszwiebeln), gehackt

1 Knoblauchzehe, gehackt

1 Scheibe Ingwerwurzel, gehackt

5 ml/1 TL Chilipulver

250 ml / 1 Tasse Hühnerbrühe

30 ml/2 EL Reiswein oder trockener Sherry

30 ml/2 EL Sojasauce

Salz-

Das Öl zum Kochen bringen und die Nudeln frittieren, bis sie sich ausdehnen. Herausnehmen und abtropfen lassen. 75 ml / 5 EL Öl erhitzen und das Schweinefleisch braten, bis es gebräunt ist. Bohnenpaste, Frühlingszwiebeln, Knoblauch, Ingwer und Chilipulver einrühren und 2 Minuten braten. Brühe, Wein oder Sherry, Sojasauce und Nudeln unterrühren und köcheln lassen, bis die Sauce eindickt. Vor dem Servieren mit Salz abschmecken.

Eierrollen-Skins

Macht 12

225 g (8 oz/2 Tassen) reines (Allzweck-)Mehl

1 Ei, geschlagen

2,5 ml/¬Ω TL Salz

120 ml/4 fl oz/¬Ω Tasse Eiswasser

Mischen Sie alle Zutaten zusammen und kneten Sie sie, bis sie glatt und elastisch sind. Mit einem feuchten Tuch abdecken und 30 Minuten kalt stellen. Auf einer bemehlten Arbeitsfläche papierdünn ausrollen und dann in Quadrate schneiden.

Gekochte Eierrollen Skins

Macht 12

175 g/6 oz/1¬ Tassen normales (Allzweck-)Mehl

2,5 ml/¬Ω TL Salz

2 Eier, geschlagen

375 ml/13 fl oz/1¬Ω Tassen Wasser

Mehl und Salz mischen, dann die Eier untermischen. Nach und nach das Wasser dazugeben, bis ein glatter Teig entsteht. Eine kleine Bratpfanne leicht einfetten, dann 30 ml/2 EL Teig einfüllen und die Pfanne kippen, um sie gleichmäßig auf der Oberfläche zu verteilen. Wenn der Teig von den Seiten der Pfanne schrumpft, entfernen Sie ihn und decken Sie ihn mit einem feuchten Tuch ab, während Sie die restlichen Häute kochen.

Für 4

250 ml/8 fl oz/1 Tasse Wasser

225 g (8 oz/2 Tassen) reines (Allzweck-)Mehl

Erdnussöl (Erdnussöl zum Braten)

Kochen Sie das Wasser auf und fügen Sie dann nach und nach das Mehl hinzu. Leicht kneten, bis der Teig weich ist, mit einem feuchten Tuch abdecken und 15 Minuten ruhen lassen. Auf einer bemehlten Arbeitsfläche ausrollen und zu einem langen Zylinder formen. In 2,5 cm große Scheiben schneiden, dann auf eine Dicke von etwa 5 mm flach drücken und die Oberseiten mit Öl bestreichen. Paarweise mit den geölten Oberflächen aneinander stapeln und die Außenseiten leicht mit Mehl bestäuben. Die Paare auf ca. 10 cm Breite ausrollen und zu zweit auf jeder Seite ca. 1 Minute braten, bis sie leicht gebräunt sind. Bis zum Servieren trennen und stapeln.

Für 4

4 getrocknete chinesische Pilze

450 g Hühnerbrust, zerkleinert

225 g gemischtes Gemüse, gehackt

1 Frühlingszwiebel (Schalzwiebel), gehackt

15 ml/1 EL Sojasauce

2,5 ml/½ TL Salz

40 Wan-Tan-Skins

1 Ei, geschlagen

Die Champignons 30 Minuten in warmem Wasser einweichen und dann abtropfen lassen. Entsorgen Sie die Stiele und hacken Sie die Kappen. Mit Hühnchen, Gemüse, Sojasauce und Salz mischen.

Um die Wan-Tan zu falten, halten Sie die Haut in der linken Handfläche und löffeln Sie etwas Füllung in die Mitte. Befeuchten Sie die Ränder mit Ei und falten Sie die Haut zu einem Dreieck, wobei Sie die Ränder versiegeln. Befeuchten Sie die Ecken mit Ei und drehen Sie sie zusammen.

Bringen Sie einen Topf mit Wasser zum Kochen. Die Wontons hineingeben und etwa 10 Minuten köcheln lassen, bis sie oben schwimmen.

Für 4

900 g Hühnerflügel

60 ml/4 EL Reiswein oder trockener Sherry

60 ml/4 EL Sojasauce

50 g Speisestärke (Maisstärke)

Erdnuss (Erdnuss) Öl zum Frittieren

Die Hähnchenflügel in eine Schüssel geben. Die restlichen Zutaten vermischen und über die Hähnchenflügel gießen, gut umrühren, damit sie mit der Sauce überzogen sind. Abdecken und 30 Minuten ruhen lassen. Das Öl erhitzen und das Hähnchen nach und nach frittieren, bis es durchgegart und dunkelbraun ist. Auf Küchenpapier gut abtropfen lassen und warm halten, während Sie das restliche Hähnchen braten.

Fünf-Gewürze-Hähnchenflügel

Für 4

30 ml/2 EL Erdnussöl (Erdnussöl)

2 Zehen Knoblauch, zerdrückt

450 g Hühnerflügel

250 ml / 1 Tasse Hühnerbrühe

30 ml/2 EL Sojasauce

5 ml/1 TL Zucker

5 ml/1 TL Fünf-Gewürze-Pulver

Öl und Knoblauch erhitzen, bis der Knoblauch leicht gebräunt ist. Fügen Sie das Huhn hinzu und braten Sie es leicht an, bis es leicht gebräunt ist. Die restlichen Zutaten dazugeben, gut verrühren und aufkochen. Zugedeckt etwa 15 Minuten köcheln lassen, bis das Hähnchen gar ist. Deckel abnehmen und unter gelegentlichem Rühren weiterköcheln lassen, bis fast die gesamte Flüssigkeit verdampft ist. Heiß oder kalt servieren.

Marinierte Hähnchenflügel

Für 4

45 ml/3 EL Sojasauce

45 ml/3 EL Reiswein oder trockener Sherry

30 ml/2 EL brauner Zucker

5 ml/1 TL geriebene Ingwerwurzel

2 Zehen Knoblauch, zerdrückt

6 Frühlingszwiebeln (Frühlingszwiebeln), geschnitten

450 g Hühnerflügel

30 ml/2 EL Erdnussöl (Erdnussöl)

225 g Bambussprossen, in Scheiben geschnitten

20 ml/4 TL Speisestärke (Maisstärke)

175 ml Hühnerbrühe

Sojasauce, Wein oder Sherry, Zucker, Ingwer, Knoblauch und Frühlingszwiebeln vermischen. Fügen Sie die Hähnchenflügel hinzu und rühren Sie um, um sie vollständig zu beschichten. Zugedeckt 1 Stunde stehen lassen, dabei gelegentlich umrühren. Öl erhitzen und die Bambussprossen 2 Minuten braten. Nehmen Sie sie aus der Pfanne. Das Huhn und die Zwiebeln abtropfen lassen, die Marinade aufbewahren. Erhitzen Sie das Öl und braten Sie das Huhn, bis es von allen Seiten gebräunt ist. Zugedeckt weitere 20 Minuten kochen, bis das Hähnchen zart ist.

Die Speisestärke mit der Brühe und der reservierten Marinade mischen. Über das Hähnchen gießen und unter Rühren aufkochen, bis die Sauce eindickt. Bambussprossen einrühren und unter Rühren weitere 2 Minuten köcheln lassen.

Königliche Hühnerflügel

Für 4

12 Hühnerflügel

250 ml/8 fl oz/1 Tasse Erdnussöl (Erdnussöl)

15 ml/1 EL Kristallzucker

2 Frühlingszwiebeln (Frühlingszwiebeln), in Stücke geschnitten

5 Scheiben Ingwerwurzel

5 ml/1 TL Salz

45 ml/3 EL Sojasauce

250 ml/8 fl oz/1 Tasse Reiswein oder trockener Sherry

250 ml / 1 Tasse Hühnerbrühe

10 Scheiben Bambussprossen

15 ml/1 EL Speisestärke (Maisstärke)

15 ml/1 EL Wasser

2,5 ml/½ TL Sesamöl

Die Hähnchenflügel 5 Minuten in kochendem Wasser blanchieren und dann gut abtropfen lassen. Öl erhitzen, Zucker hinzufügen und rühren, bis er geschmolzen und goldbraun ist. Hähnchen, Frühlingszwiebeln, Ingwer, Salz, Sojasauce, Wein und Brühe zugeben, aufkochen und 20 Minuten leicht köcheln lassen. Die Bambussprossen dazugeben und 2 Minuten köcheln lassen oder bis die Flüssigkeit fast vollständig verdampft ist. Die

Maisstärke mit dem Wasser mischen, in die Pfanne rühren und dick rühren. Die Chicken Wings auf eine vorgewärmte Servierplatte geben und mit Sesamöl bestreut servieren.

Gewürzte Hähnchenflügel

Für 4

30 ml/2 EL Erdnussöl (Erdnussöl)

5 ml/1 TL Salz

2 Zehen Knoblauch, zerdrückt

900 g Hühnerflügel

30 ml/2 EL Reiswein oder trockener Sherry

30 ml/2 EL Sojasauce

30 ml/2 EL Tomatenmark (Paste)

15 ml/1 EL Worcestershiresauce

Öl, Salz und Knoblauch erhitzen und braten, bis der Knoblauch leicht golden wird. Fügen Sie die Hähnchenflügel hinzu und braten Sie sie unter häufigem Rühren etwa 10 Minuten lang an, bis sie goldbraun und fast durchgegart sind. Die restlichen Zutaten dazugeben und etwa 5 Minuten unter Rühren braten, bis das Hähnchen knusprig und durchgegart ist.

Für 4

16 Hähnchenkeulen

30 ml/2 EL Reiswein oder trockener Sherry

30 ml/2 EL Weinessig

30 ml/2 EL Olivenöl

Salz und frisch gemahlener Pfeffer

120 ml/4 fl oz/½ Tasse Orangensaft

30 ml/2 EL Sojasauce

30 ml/2 EL Honig

15 ml/1 EL Zitronensaft

2 Scheiben Ingwerwurzel, gehackt

120 ml/4 fl oz/½ Tasse Chilisauce

Alle Zutaten bis auf die Chilisauce vermischen, abdecken und über Nacht im Kühlschrank marinieren lassen. Das Hähnchen aus der Marinade nehmen und etwa 25 Minuten grillen oder grillen (broilen), dabei wenden und mit der Chilisauce begießen.

Hoisin Hähnchenkeulen

Für 4

8 Hähnchenkeulen

600 ml/1 pt/2½ Tassen Hühnerbrühe

Salz und frisch gemahlener Pfeffer

250 ml/8 fl oz/1 Tasse Hoisin-Sauce

30 ml/2 EL reines (Allzweck-)Mehl

2 Eier, geschlagen

100 g Semmelbrösel

Öl zum Frittieren

Die Trommelstöcke und die Brühe in eine Pfanne geben, aufkochen, abdecken und 20 Minuten köcheln lassen, bis sie gar sind. Hähnchen aus der Pfanne nehmen und auf Küchenpapier trocken tupfen. Hähnchen in eine Schüssel geben und mit Salz und Pfeffer würzen. Die Hoisin-Sauce darübergießen und 1 Stunde marinieren lassen. Ablassen. Das Hühnchen im Mehl wenden, dann in den Eiern und Semmelbröseln wenden, dann wieder in Ei und Semmelbröseln. Öl erhitzen und das Hähnchen etwa 5 Minuten goldbraun braten. Auf Küchenpapier abtropfen lassen und heiß oder kalt servieren.

Für 4–6

75 ml/5 EL Erdnussöl (Erdnussöl)

1 Huhn

3 Frühlingszwiebeln (Frühlingszwiebeln), in Scheiben geschnitten

3 Scheiben Ingwerwurzel

120 ml/4 fl oz/½ Tasse Sojasauce

30 ml/2 EL Reiswein oder trockener Sherry

5 ml/1 TL Zucker

Erhitzen Sie das Öl und braten Sie das Huhn, bis es gebräunt ist. Frühlingszwiebeln, Ingwer, Sojasauce und Wein oder Sherry dazugeben und aufkochen. Zugedeckt 30 Minuten köcheln lassen, dabei gelegentlich wenden. Zucker dazugeben, zugedeckt weitere 30 Minuten köcheln lassen, bis das Hähnchen gar ist.

Knusprig frittiertes Hühnchen

Für 4

1 Huhn

Salz-

30 ml/2 EL Reiswein oder trockener Sherry

3 Frühlingszwiebeln (Frühlingszwiebeln), gewürfelt

1 Scheibe Ingwerwurzel

30 ml/2 EL Sojasauce

30 ml/2 EL Zucker

5 ml/1 TL ganze Nelken

5 ml/1 TL Salz

5 ml/1 TL Pfefferkörner

150 ml/¼ pt/großzügige ½ Tasse Hühnerbrühe

Öl zum Frittieren

1 Salat, zerkleinert

4 Tomaten, in Scheiben geschnitten

½ Gurke, in Scheiben geschnitten

Das Hähnchen mit Salz einreiben und 3 Stunden ruhen lassen. Abspülen und in eine Schüssel geben. Wein oder Sherry, Ingwer, Sojasauce, Zucker, Nelken, Salz, Pfefferkörner und Brühe dazugeben und gut begießen. Die Schüssel in einen Dampfgarer stellen, abdecken und ca. 2¼ Stunden dämpfen, bis das

Hähnchen durchgegart ist. Ablassen. Das Öl bis zum Rauchen erhitzen, dann das Hühnchen dazugeben und frittieren, bis es gebräunt ist. Weitere 5 Minuten braten, dann aus dem Öl nehmen und abtropfen lassen. In Stücke schneiden und auf einer vorgewärmten Servierplatte anrichten. Mit Salat, Tomaten und Gurken garnieren und mit einem Pfeffer-Salz-Dip servieren.

Frittiertes ganzes Hähnchen

Für 5

1 Huhn

10 ml/2 TL Salz

15 ml/1 EL Reiswein oder trockener Sherry

2 Frühlingszwiebeln (Frühlingszwiebeln), halbiert

3 Scheiben Ingwerwurzel, in Streifen geschnitten

Öl zum Frittieren

Das Hähnchen trocken tupfen und die Haut mit Salz und Wein oder Sherry einreiben. Frühlingszwiebeln und Ingwer in die Mulde geben. Hängen Sie das Hähnchen etwa 3 Stunden an einem kühlen Ort zum Trocknen auf. Öl erhitzen und das Hähnchen in einen Frittierkorb legen. Vorsichtig in das Öl geben und innen und außen kontinuierlich übergießen, bis das Hähnchen eine leichte Farbe hat. Aus dem Öl nehmen und etwas abkühlen lassen, während Sie das Öl wieder erhitzen. Nochmals goldbraun braten. Gut abtropfen lassen und dann in Stücke schneiden.

Für 4–6

1 Huhn

120 ml/4 fl oz/½ Tasse Sojasauce

2,5 cm / 1 Stück Ingwerwurzel, gehackt

1 Knoblauchzehe, zerdrückt

15 ml/1 EL Fünf-Gewürze-Pulver

30 ml/2 EL Reiswein oder trockener Sherry

30 ml/2 EL Honig

2,5 ml/½ TL Sesamöl

Öl zum Frittieren

30 ml/2 EL Salz

5 ml/1 TL frisch gemahlener Pfeffer

Das Hähnchen in einen großen Topf geben und bis zur Hälfte des Oberschenkels mit Wasser auffüllen. 15 ml/1 EL der Sojasauce zurückbehalten und den Rest mit Ingwer, Knoblauch und der Hälfte des Fünf-Gewürze-Pulvers in die Pfanne geben. Aufkochen, abdecken und 5 Minuten köcheln lassen. Schalten Sie die Hitze aus und lassen Sie das Huhn im Wasser stehen, bis das Wasser lauwarm ist. Ablassen.

Hähnchen längs halbieren und mit der Schnittfläche nach unten in einen Bräter legen. Restliche Sojasauce und Fünf-Gewürze-

Pulver mit Wein oder Sherry, Honig und Sesamöl vermischen. Reiben Sie die Mischung über das Huhn und lassen Sie es 2 Stunden stehen, wobei Sie es gelegentlich damit bestreichen. Öl erhitzen und die Hähnchenhälften ca. 15 Minuten goldbraun und durchgaren frittieren. Auf Küchenpapier abtropfen lassen und in portionengroße Stücke schneiden.

In der Zwischenzeit Salz und Pfeffer mischen und in einer trockenen Pfanne etwa 2 Minuten erhitzen. Als Dip zum Hähnchen servieren.

Ingwer-Frühlingszwiebel-Huhn

Für 4

1 Huhn

2 Scheiben Ingwerwurzel, in Streifen geschnitten

Salz und frisch gemahlener Pfeffer

90 ml/4 EL Erdnussöl (Erdnussöl)

8 Frühlingszwiebeln (Frühlingszwiebeln), fein gehackt

10 ml/2 TL Weißweinessig

5 ml/1 TL Sojasauce

Legen Sie das Huhn in einen großen Topf, fügen Sie die Hälfte des Ingwers hinzu und gießen Sie so viel Wasser ein, dass das Huhn fast bedeckt ist. Mit Salz und Pfeffer würzen. Aufkochen, abdecken und etwa 1¼ Stunden köcheln lassen, bis sie weich sind. Lassen Sie das Huhn in der Brühe stehen, bis es abgekühlt ist. Das Hähnchen abtropfen lassen und kalt stellen. In Portionen schneiden.

Restlichen Ingwer reiben und mit Öl, Frühlingszwiebeln, Weinessig und Sojasauce sowie Salz und Pfeffer mischen. 1 Stunde kalt stellen. Die Hähnchenteile in eine Servierschüssel geben und das Ingwer-Dressing darübergießen. Mit gedämpftem Reis servieren.

Pochiertes Hähnchen

Für 4

1 Huhn

1,2 l/2 pts/5 Tassen Hühnerbrühe oder Wasser

30 ml/2 EL Reiswein oder trockener Sherry

4 Frühlingszwiebeln (Frühlingszwiebeln), gehackt

1 Scheibe Ingwerwurzel

5 ml/1 TL Salz

Das Hähnchen mit allen restlichen Zutaten in einen großen Topf geben. Die Brühe oder das Wasser sollte bis zur Hälfte des Oberschenkels reichen. Aufkochen, abdecken und etwa 1 Stunde leicht köcheln lassen, bis das Hähnchen durchgegart ist. Abgießen, die Brühe für Suppen aufheben.

Für 4

1 Huhn

250 ml/8 fl oz/1 Tasse Sojasauce

Das Huhn in eine Pfanne geben, die Sojasauce darübergießen und mit Wasser auffüllen, bis das Huhn fast bedeckt ist. Aufkochen, abdecken und ca. 1 Stunde köcheln lassen, bis das Hähnchen gar ist, dabei gelegentlich wenden.

Rot gekochtes gewürztes Hühnchen

Für 4

2 Scheiben Ingwerwurzel

2 Frühlingszwiebeln (Schalzwiebeln)

1 Huhn

3 Nelken Sternanis

½ Zimtstange

15 ml/1 EL Szechuan-Pfefferkörner

75 ml/5 EL Sojasauce

75 ml/5 EL Reiswein oder trockener Sherry

75 ml/5 EL Sesamöl

15 ml/1 EL Zucker

Legen Sie den Ingwer und die Frühlingszwiebeln in die Hähnchenhöhle und legen Sie das Hähnchen in eine Pfanne. Sternanis, Zimt und Pfefferkörner in ein Stück Musselin binden und in die Pfanne geben. Mit Sojasauce, Wein oder Sherry und Sesamöl gießen. Aufkochen, abdecken und etwa 45 Minuten köcheln lassen. Zucker dazugeben, zugedeckt weitere 10 Minuten köcheln lassen, bis das Hähnchen gar ist.

Für 4

50 g Sesamsamen

1 Zwiebel, fein gehackt

2 Knoblauchzehen, gehackt

10 ml/2 TL Salz

1 getrocknete rote Chilischote, zerdrückt

Prise gemahlene Nelken

2,5 ml/½ TL gemahlener Kardamom

2,5 ml/½ TL gemahlener Ingwer

75 ml/5 EL Erdnussöl (Erdnussöl)

1 Huhn

Alle Gewürze und Öl mischen und über das Huhn streichen. In einen Bräter stellen und 30 ml/2 EL Wasser in die Form geben. Im vorgeheizten Backofen bei 180°C/350°F/Gas Stufe 4 ca. 2 Stunden braten, dabei das Hähnchen gelegentlich begießen und wenden, bis das Hähnchen goldbraun und gar ist. Geben Sie bei Bedarf noch etwas Wasser hinzu, um ein Anbrennen zu vermeiden.

Hühnchen in Sojasauce

Für 4–6

300 ml/½ pt/1¼ Tassen Sojasauce

300 ml/½ pt/1¼ Tassen Reiswein oder trockener Sherry

1 Zwiebel, gehackt

3 Scheiben Ingwerwurzel, gehackt

50 g Zucker

1 Huhn

15 ml/1 EL Speisestärke (Maisstärke)

60 ml/4 EL Wasser

1 Gurke, geschält und in Scheiben geschnitten

30 ml/2 EL gehackte frische Petersilie

Sojasauce, Wein oder Sherry, Zwiebel, Ingwer und Zucker in einer Pfanne vermischen und aufkochen. Das Hähnchen dazugeben, zum Kochen bringen, abdecken und 1 Stunde leicht köcheln lassen, dabei das Hähnchen gelegentlich wenden, bis das Hähnchen gar ist. Das Hähnchen auf eine vorgewärmte Servierplatte legen und tranchieren. Gießen Sie die gesamte Kochflüssigkeit bis auf 250 ml aus und bringen Sie sie wieder zum Kochen. Maizena und Wasser zu einer Paste verrühren, in die Pfanne rühren und unter Rühren köcheln lassen, bis die Sauce klar und dickflüssig wird. Das Hähnchen mit etwas Sauce bestreichen und das Hähnchen mit Gurke und Petersilie garnieren. Die restliche Sauce separat servieren.

Für 4

1 Huhn

45 ml/3 EL Reiswein oder trockener Sherry

Salz-

2 Scheiben Ingwerwurzel

2 Frühlingszwiebeln (Schalzwiebeln)

250 ml / 1 Tasse Hühnerbrühe

Hähnchen in eine ofenfeste Schüssel geben und mit Wein oder Sherry und Salz einreiben und Ingwer und Frühlingszwiebeln in die Mulde geben. Die Schüssel auf einen Rost in einen Dampfgarer stellen, zudecken und über kochendem Wasser etwa 1 Stunde dämpfen, bis sie gar sind. Heiß oder kalt servieren.

Gedämpftes Hähnchen mit Anis

Für 4

250 ml/8 fl oz/1 Tasse Sojasauce

250 ml/8 fl oz/1 Tasse Wasser

15 ml/1 EL brauner Zucker

4 Nelken Sternanis

1 Huhn

Sojasauce, Wasser, Zucker und Anis in einem Topf mischen und bei schwacher Hitze aufkochen. Das Hähnchen in eine Schüssel geben und innen und außen gründlich mit der Mischung bestreichen. Erhitzen Sie die Mischung und wiederholen Sie den Vorgang. Hähnchen in eine ofenfeste Schüssel geben. Die Schüssel auf einen Rost in einen Dampfgarer stellen, zudecken und über kochendem Wasser etwa 1 Stunde dämpfen, bis sie gar sind.

Für 4

1 Huhn

5 ml/1 TL gehackte Ingwerwurzel

5 ml/1 TL gehackter Knoblauch

45 ml/3 EL dicke Sojasauce

5 ml/1 TL Zucker

2,5 ml/½ TL Weinessig

10 ml/2 TL Sesamsauce

5 ml/1 TL frisch gemahlener Pfeffer

10 ml/2 TL Chiliöl

½ Salat, zerkleinert

15 ml/1 EL gehackter frischer Koriander

Legen Sie das Hähnchen in eine Pfanne und füllen Sie es mit Wasser, bis die Hähnchenschenkel bis zur Hälfte hoch sind. Aufkochen, abdecken und etwa 1 Stunde leicht köcheln lassen, bis das Hähnchen zart ist. Aus der Pfanne nehmen und gut abtropfen lassen und in Eiswasser einweichen, bis das Fleisch vollständig abgekühlt ist. Gut abtropfen lassen und in 5 cm/2 Stücke schneiden. Alle restlichen Zutaten vermischen und über das Hähnchen gießen. Mit Salat und Koriander garniert servieren.

Für 4

100 g reines (Allzweck-)Mehl

Prise Salz

15 ml/1 EL Wasser

1 Ei

350 g gekochtes Hühnchen, gewürfelt

Öl zum Frittieren

Mehl, Salz, Wasser und Ei zu einem ziemlich festen Teig verrühren, bei Bedarf noch etwas Wasser hinzufügen. Tauchen Sie die Hähnchenteile in den Teig, bis sie gut bedeckt sind. Das Öl sehr heiß erhitzen und das Hähnchen einige Minuten frittieren, bis es knusprig und goldbraun ist.

Hühnchen mit grünen Bohnen

Für 4

45 ml/3 EL Erdnussöl (Erdnussöl)

450 g gekochtes Hühnchen, zerkleinert

5 ml/1 TL Salz

2,5 ml/½ TL frisch gemahlener Pfeffer

225 g grüne Bohnen, in Stücke geschnitten

1 Stange Sellerie, schräg geschnitten

225 g Champignons, in Scheiben geschnitten

250 ml / 1 Tasse Hühnerbrühe

30 ml/2 EL Speisestärke (Maisstärke)

60 ml/4 EL Wasser

10 ml/2 TL Sojasauce

Das Öl erhitzen und das Hähnchen mit Salz und Pfeffer anbraten, bis es leicht gebräunt ist. Bohnen, Sellerie und Champignons dazugeben und gut vermischen. Brühe zugeben, aufkochen, zudecken und 15 Minuten köcheln lassen. Maizena, Wasser und Sojasauce zu einer Paste verrühren, in die Pfanne rühren und unter Rühren köcheln lassen, bis die Sauce klar wird und eindickt.

Gekochtes Hühnchen mit Ananas

Für 4

45 ml/3 EL Erdnussöl (Erdnussöl)

225 g gekochtes Hühnchen, gewürfelt

Salz und frisch gemahlener Pfeffer

2 Stangen Sellerie, schräg geschnitten

3 Scheiben Ananas, in Stücke geschnitten

120 ml/4 fl oz/½ Tasse Hühnerbrühe

15 ml/1 EL Sojasauce

10 ml/2 EL Speisestärke (Maisstärke)

30 ml/2 EL Wasser

Erhitzen Sie das Öl und braten Sie das Huhn, bis es leicht gebräunt ist. Mit Salz und Pfeffer würzen, Sellerie dazugeben und 2 Minuten mitbraten. Ananas, Brühe und Sojasauce hinzufügen und einige Minuten rühren, bis sie durchgewärmt sind. Speisestärke und Wasser zu einer Paste verrühren, in die Pfanne rühren und unter Rühren köcheln lassen, bis die Sauce klar wird und eindickt.

Hühnchen mit Paprika und Tomaten

Für 4

45 ml/3 EL Erdnussöl (Erdnussöl)

450 g gekochtes Hähnchen, in Scheiben geschnitten

10 ml/2 TL Salz

5 ml/1 TL frisch gemahlener Pfeffer

1 grüne Paprika, in Stücke geschnitten

4 große Tomaten, enthäutet und in Spalten geschnitten

250 ml / 1 Tasse Hühnerbrühe

30 ml/2 EL Speisestärke (Maisstärke)

15 ml/1 EL Sojasauce

120 ml/4 fl oz/½ Tasse Wasser

Das Öl erhitzen und das Hähnchen braten, salzen und pfeffern, bis es gebräunt ist. Paprika und Tomaten dazugeben. Brühe angießen, aufkochen, zudecken und 15 Minuten köcheln lassen. Maizena, Sojasauce und Wasser zu einer Paste verrühren, in die Pfanne rühren und unter Rühren köcheln lassen, bis die Sauce klar und dickflüssig wird.

Sesame Chicken

Für 4

450 g gekochtes Hähnchen, in Streifen geschnitten

2 Scheiben Ingwer, fein gehackt

1 Frühlingszwiebel (Schalzwiebel), fein gehackt

Salz und frisch gemahlener Pfeffer

60 ml/4 EL Reiswein oder trockener Sherry

60 ml/4 EL Sesamöl

10 ml/2 TL Zucker

5 ml/1 TL Weinessig

150 ml/¼ pt/großzügige ½ Tasse Sojasauce

Das Hähnchen auf einem Servierteller anrichten und mit Ingwer, Frühlingszwiebeln, Salz und Pfeffer bestreuen. Wein oder Sherry, Sesamöl, Zucker, Weinessig und Sojasauce vermischen. Über das Huhn gießen.

Gebratene Stubenküken

Für 4

2 Stubenküken, halbiert

45 ml/3 EL Sojasauce

45 ml/3 EL Reiswein oder trockener Sherry

120 ml/4 fl oz/½ Tasse Erdnussöl (Erdnussöl)

1 Frühlingszwiebel (Schalzwiebel), fein gehackt

30 ml/2 EL Hühnerbrühe

10 ml/2 TL Zucker

5 ml/1 TL Chiliöl

5 ml/1 TL Knoblauchpaste

Salz und Pfeffer

Die Stubenküken in eine Schüssel geben. Sojasauce und Wein oder Sherry mischen, über die Küken gießen, zugedeckt 2 Stunden marinieren, dabei häufig begießen. Das Öl erhitzen und die Stubenküken etwa 20 Minuten braten, bis sie gar sind. Nehmen Sie sie aus der Pfanne und erhitzen Sie das Öl erneut. Zurück in die Pfanne geben und goldbraun braten. Das meiste Öl ablassen. Restliche Zutaten vermischen, in die Pfanne geben und schnell erhitzen. Vor dem Servieren über die Poussins gießen.

Türkei mit Zuckerschoten

Für 4

60 ml/4 EL Erdnussöl (Erdnussöl)

2 Frühlingszwiebeln (Frühlingszwiebeln), gehackt

2 Zehen Knoblauch, zerdrückt

1 Scheibe Ingwerwurzel, gehackt

225 g Putenbrust, in Streifen geschnitten

225 g Zuckerschoten (Schneerbsen)

100 g Bambussprossen, in Streifen geschnitten

50 g Wasserkastanien, in Streifen geschnitten

45 ml/3 EL Sojasauce

15 ml/1 EL Reiswein oder trockener Sherry

5 ml/1 TL Zucker

5 ml/1 TL Salz

15 ml/1 EL Speisestärke (Maisstärke)

45 ml/3 EL Öl erhitzen und Frühlingszwiebeln, Knoblauch und Ingwer leicht bräunen. Den Truthahn dazugeben und 5 Minuten braten. Aus der Pfanne nehmen und beiseite stellen. Restliches Öl erhitzen und Zuckerschoten, Bambussprossen und Wasserkastanien 3 Minuten anbraten. Sojasauce, Wein oder Sherry, Zucker und Salz dazugeben und den Truthahn wieder in die Pfanne geben. 1 Minute braten. Maizena mit etwas Wasser

mischen, in die Pfanne rühren und unter Rühren köcheln lassen, bis die Sauce klar und dickflüssig wird.

Für 4

4 getrocknete chinesische Pilze

30 ml/2 EL Erdnussöl (Erdnussöl)

1 Chinakohl, in Streifen geschnitten

350 g geräucherter Truthahn, in Streifen geschnitten

1 Zwiebel, in Scheiben geschnitten

1 rote Paprika, in Streifen geschnitten

1 grüne Paprika, in Streifen geschnitten

120 ml/4 fl oz/½ Tasse Hühnerbrühe

30 ml/2 EL Tomatenmark (Paste)

45 ml/3 EL Weinessig

30 ml/2 EL Sojasauce

15 ml/1 EL Hoisinsauce

10 ml/2 TL Speisestärke (Maisstärke)

ein paar Tropfen Chiliöl

Die Champignons 30 Minuten in warmem Wasser einweichen und dann abtropfen lassen. Entsorgen Sie die Stiele und schneiden Sie die Kappen in Streifen. Die Hälfte des Öls erhitzen und den Kohl etwa 5 Minuten braten, bis er gar ist. Aus der Pfanne nehmen. Den Truthahn dazugeben und 1 Minute mitbraten. Das Gemüse dazugeben und 3 Minuten mitbraten. Die

Brühe mit Tomatenmark, Weinessig und Saucen mischen und mit dem Kohl in die Pfanne geben. Maizena mit etwas Wasser mischen, in die Pfanne einrühren und unter Rühren aufkochen. Mit Chiliöl bestreuen und unter ständigem Rühren 2 Minuten köcheln lassen.

Chinesischer Truthahnbraten

Dient 8–10

1 kleiner Truthahn

600 ml/1 pt/2½ Tassen heißes Wasser

10 ml/2 TL Piment

500 ml/16 fl oz/2 Tassen Sojasauce

5 ml/1 TL Sesamöl

10 ml/2 TL Salz

45 ml/3 EL Butter

Den Truthahn in eine Pfanne geben und mit heißem Wasser übergießen. Die restlichen Zutaten bis auf die Butter dazugeben und 1 Stunde stehen lassen, dabei mehrmals wenden. Den Truthahn aus der Flüssigkeit nehmen und mit Butter bestreichen. In einen Bräter geben, locker mit Küchenfolie abdecken und im vorgeheizten Backofen bei 160°C/325°F/Gas Stufe 3 ca. 4 Stunden rösten, dabei gelegentlich mit der Sojasaucen-Flüssigkeit beträufeln. Entfernen Sie die Folie und lassen Sie die Haut die letzten 30 Minuten des Garvorgangs knusprig.

Truthahn mit Walnüssen und Pilzen

Für 4

450 g Putenbrustfilet

Salz und Pfeffer

Saft von 1 Orange

15 ml/1 EL reines (Allzweck-)Mehl

12 eingelegte schwarze Walnüsse mit Saft

5 ml/1 TL Speisestärke (Maisstärke)

15 ml/1 EL Erdnussöl (Erdnussöl)

2 Frühlingszwiebeln (Frühlingszwiebeln), gewürfelt

225 g Champignons

45 ml/3 EL Reiswein oder trockener Sherry

10 ml/2 TL Sojasauce

50 g Butter

25 g Pinienkerne

Den Truthahn in 1 cm/½ dicke Scheiben schneiden. Mit Salz, Pfeffer und Orangensaft beträufeln und mit Mehl bestäuben. Walnüsse abgießen, halbieren, Flüssigkeit auffangen und mit der Speisestärke mischen. Öl erhitzen und den Truthahn goldbraun braten. Frühlingszwiebeln und Champignons zugeben und 2 Minuten mitbraten. Wein oder Sherry und Sojasauce einrühren und 30 Sekunden köcheln lassen. Die Walnüsse zu der

Maisstärkemischung geben, dann in die Pfanne rühren und aufkochen. Fügen Sie die Butter in kleinen Flocken hinzu, aber lassen Sie die Mischung nicht kochen. Die Pinienkerne in einer trockenen Pfanne goldbraun rösten. Die Putenmischung auf eine vorgewärmte Servierplatte geben und mit Pinienkernen garniert servieren.

Ente mit Bambussprossen

Für 4

6 getrocknete chinesische Pilze

1 Ente

50 g geräucherter Schinken, in Streifen geschnitten

100 g Bambussprossen, in Streifen geschnitten

2 Frühlingszwiebeln (Frühlingszwiebeln), in Streifen geschnitten

2 Scheiben Ingwerwurzel, in Streifen geschnitten

5 ml/1 TL Salz

Die Champignons 30 Minuten in warmem Wasser einweichen und dann abtropfen lassen. Entsorgen Sie die Stiele und schneiden Sie die Kappen in Streifen. Geben Sie alle Zutaten in eine hitzebeständige Schüssel und stellen Sie sie in einen mit Wasser gefüllten Topf zu zwei Dritteln der Schüssel. Aufkochen, abdecken und ca. 2 Stunden köcheln lassen, bis die Ente gar ist, ggf. mit kochendem Wasser auffüllen.

Ente mit Sojasprossen

Für 4

225 g Bohnensprossen

45 ml/3 EL Erdnussöl (Erdnussöl)

450 g gekochtes Entenfleisch

15 ml/1 EL Austernsauce

15 ml/1 EL Reiswein oder trockener Sherry

30 ml/2 EL Wasser

2,5 ml/½ TL Salz

Die Sojasprossen in kochendem Wasser 2 Minuten blanchieren und dann abtropfen lassen. Öl erhitzen, Sojasprossen 30 Sekunden braten. Die Ente dazugeben, unter Rühren braten, bis sie durchgewärmt ist. Fügen Sie die restlichen Zutaten hinzu und braten Sie sie 2 Minuten lang, um die Aromen zu vermischen. Sofort servieren.

Für 4

4 Frühlingszwiebeln (Frühlingszwiebeln), gehackt

1 Scheibe Ingwerwurzel, gehackt

120 ml/4 fl oz/½ Tasse Sojasauce

30 ml/2 EL Reiswein oder trockener Sherry

1 Ente

120 ml/4 fl oz/½ Tasse Erdnussöl (Erdnussöl)

600 ml/1 pt/2½ Tassen Wasser

15 ml/1 EL brauner Zucker

Frühlingszwiebeln, Ingwer, Sojasauce und Wein oder Sherry mischen und die Ente innen und außen damit einreiben. Öl erhitzen und die Ente anbraten, bis sie von allen Seiten leicht gebräunt ist. Lassen Sie das Öl ab. Das Wasser und die restliche Sojasaucen-Mischung hinzufügen, aufkochen, dann abdecken und 1 Stunde köcheln lassen. Den Zucker dazugeben und zugedeckt weitere 40 Minuten köcheln lassen, bis die Ente zart ist.

Gedämpfte Ente mit Sellerie

Für 4

350 g gekochte Ente, in Scheiben geschnitten

1 Kopf Sellerie

250 ml / 1 Tasse Hühnerbrühe

2,5 ml/½ TL Salz

5 ml/1 TL Sesamöl

1 Tomate, in Spalten geschnitten

Die Ente auf einem Dampfgarer anrichten. Sellerie in 7,5 cm lange Stücke schneiden und in eine Pfanne geben. Mit der Brühe aufgießen, salzen und den Dampfgarer über die Pfanne stellen. Die Brühe zum Kochen bringen und dann etwa 15 Minuten leicht köcheln lassen, bis der Sellerie zart und die Ente durchgewärmt ist. Ente und Sellerie auf einer vorgewärmten Servierplatte anrichten, Sellerie mit Sesamöl beträufeln und mit Tomatenspalten garniert servieren.

Ente mit Ingwer

Für 4

350 g Entenbrust, in dünne Scheiben geschnitten

1 Ei, leicht geschlagen

5 ml/1 TL Sojasauce

5 ml/1 TL Speisestärke (Maisstärke)

5 ml/1 TL Erdnussöl (Erdnussöl)

Öl zum Frittieren

50 g Bambussprossen

50 g Zuckerschoten (Schneerbsen)

2 Scheiben Ingwerwurzel, gehackt

15 ml/1 EL Wasser

2,5 ml/½ TL Zucker

2,5 ml/½ TL Reiswein oder trockener Sherry

2,5 ml/½ TL Sesamöl

Die Ente mit Ei, Sojasauce, Speisestärke und Öl vermischen und 10 Minuten ruhen lassen. Öl erhitzen und Ente und Bambussprossen frittieren, bis sie gar und goldbraun sind. Aus der Pfanne nehmen und gut abtropfen lassen. Gießen Sie alles bis auf 15 ml/1 EL Öl aus der Pfanne und braten Sie Ente, Bambussprossen, Zuckerschoten, Ingwer, Wasser, Zucker und

Wein oder Sherry 2 Minuten lang an. Mit Sesamöl bestreut servieren.

Ente mit grünen Bohnen

Für 4

1 Ente

60 ml/4 EL Erdnussöl (Erdnussöl)

2 Zehen Knoblauch, zerdrückt

2,5 ml/½ TL Salz

1 Zwiebel, gehackt

15 ml/1 EL geriebener Wurzel-Ingwer

45 ml/3 EL Sojasauce

120 ml/4 fl oz/½ Tasse Reiswein oder trockener Sherry

60 ml/4 EL Tomatenketchup (Katsup)

45 ml/3 EL Weinessig

300 ml/½ pt/1¼ Tassen Hühnerbrühe

450 g grüne Bohnen, in Scheiben geschnitten

Prise frisch gemahlener Pfeffer

5 Tropfen Chiliöl

15 ml/1 EL Speisestärke (Maisstärke)

30 ml/2 EL Wasser

Die Ente in 8 oder 10 Stücke schneiden. Öl erhitzen und die Ente goldbraun braten. In eine Schüssel umfüllen. Knoblauch, Salz, Zwiebel, Ingwer, Sojasauce, Wein oder Sherry, Tomatenketchup und Weinessig hinzufügen. Mischen, abdecken und 3 Stunden im Kühlschrank marinieren.

Öl wieder erhitzen, Ente, Brühe und Marinade dazugeben, aufkochen, zudecken und 1 Stunde köcheln lassen. Bohnen dazugeben, zudecken und 15 Minuten köcheln lassen. Paprika- und Chiliöl dazugeben. Die Speisestärke mit dem Wasser mischen, in die Pfanne einrühren und unter Rühren köcheln lassen, bis die Sauce eindickt.

Für 4

1 Ente

Salz und frisch gemahlener Pfeffer

Öl zum Frittieren

Hoisin Soße

Die Ente mit Salz und Pfeffer würzen und in eine hitzebeständige Schüssel geben. In einer zu zwei Drittel mit Wasser gefüllten Pfanne stellen, aufkochen, abdecken und ca. 1½ Stunden köcheln lassen, bis die Ente zart ist. Abgießen und abkühlen lassen.

Öl erhitzen und die Ente frittieren, bis sie knusprig und goldbraun ist. Herausnehmen und gut abtropfen lassen. In mundgerechte Stücke schneiden und mit Hoisinsauce servieren.

Ente mit exotischen Früchten

Für 4

4 Entenbrustfilets, in Streifen geschnitten

2,5 ml/½ TL Fünf-Gewürze-Pulver

30 ml/2 EL Sojasauce

15 ml/1 EL Sesamöl

15 ml/1 EL Erdnussöl (Erdnussöl)

3 Stangen Sellerie, gewürfelt

2 Scheiben Ananas, gewürfelt

100 g Melone, gewürfelt

100 g Litschis, halbiert

130 ml/4 fl oz/½ Tasse Hühnerbrühe

30 ml/2 EL Tomatenmark (Paste)

30 ml/2 EL Hoisinsauce

10 ml/2 TL Weinessig

Prise brauner Zucker

Die Ente in eine Schüssel geben. Fünf-Gewürze-Pulver, Sojasauce und Sesamöl mischen, über die Ente gießen und 2 Stunden marinieren, dabei gelegentlich umrühren. Öl erhitzen und die Ente 8 Minuten braten. Aus der Pfanne nehmen. Sellerie und Früchte dazugeben und 5 Minuten mitbraten. Die Ente mit den restlichen Zutaten wieder in die Pfanne geben, aufkochen und vor dem Servieren unter Rühren 2 Minuten köcheln lassen.

Geschmorte Ente mit chinesischen Blättern

Für 4

1 Ente

30 ml/2 EL Reiswein oder trockener Sherry

30 ml/2 EL Hoisinsauce

15 ml/1 EL Speisestärke (Maisstärke)

5 ml/1 TL Salz

5 ml/1 TL Zucker

60 ml/4 EL Erdnussöl (Erdnussöl)

4 Frühlingszwiebeln (Frühlingszwiebeln), gehackt

2 Zehen Knoblauch, zerdrückt

1 Scheibe Ingwerwurzel, gehackt

75 ml/5 EL Sojasauce

600 ml/1 pt/2½ Tassen Wasser

225 g chinesische Blätter, zerkleinert

Schneiden Sie die Ente in etwa 6 Stücke. Wein oder Sherry, Hoisinsauce, Speisestärke, Salz und Zucker vermischen und über die Ente reiben. 1 Stunde stehen lassen. Öl erhitzen und Frühlingszwiebeln, Knoblauch und Ingwer einige Sekunden anbraten. Die Ente dazugeben und anbraten, bis sie von allen Seiten leicht gebräunt ist. Überschüssiges Fett abtropfen lassen. Sojasauce und Wasser zugießen, aufkochen, zudecken und ca. 30

Minuten köcheln lassen. Die chinesischen Blätter zugeben, wieder abdecken und weitere 30 Minuten köcheln lassen, bis die Ente zart ist.

Für 4

2 Frühlingszwiebeln (Frühlingszwiebeln), gehackt

2 Knoblauchzehen, gehackt

1,5 l/2½ pts/6 Tassen Wasser

1 Ente

450 ml/¾ pt/2 Tassen Reiswein oder trockener Sherry

Frühlingszwiebeln, Knoblauch und Wasser in einen großen Topf geben und aufkochen. Die Ente dazugeben, wieder aufkochen, abdecken und 45 Minuten köcheln lassen. Gut abtropfen lassen, die Flüssigkeit für die Brühe aufheben. Lassen Sie die Ente abkühlen und stellen Sie sie dann über Nacht in den Kühlschrank. Die Ente in Stücke schneiden und in ein großes Schraubglas geben. Über den Wein oder Sherry gießen und etwa 1 Woche kalt stellen, bevor Sie ihn abgießen und kalt servieren.

Für 4

150 ml/¼ pt/großzügige ½ Tasse Reiswein oder trockener Sherry

150 ml/¼ pt/großzügige ½ Tasse Sojasauce

1 Ente

10 ml/2 TL Fünf-Gewürze-Pulver

Bringen Sie den Wein oder Sherry und Sojasauce zum Kochen. Die Ente dazugeben und köcheln lassen, dabei etwa 5 Minuten wenden. Die Ente aus der Pfanne nehmen und das Fünf-Gewürze-Pulver in die Haut einreiben. Geben Sie den Vogel wieder in die Pfanne und fügen Sie so viel Wasser hinzu, dass die Ente halb bedeckt ist. Aufkochen, abdecken und etwa 1½ Stunden köcheln lassen, bis die Ente zart ist, dabei häufig wenden und begießen. Die Ente in 5 cm/2 Stücke schneiden und heiß oder kalt servieren.

Für 4

1 Ente

2 Scheiben Ingwerwurzel, zerkleinert

2 Frühlingszwiebeln (Frühlingszwiebeln), gehackt

15 ml/1 EL Speisestärke (Maisstärke)

30 ml/2 EL Sojasauce

30 ml/2 EL Reiswein oder trockener Sherry

2,5 ml/½ TL Salz

45 ml/3 EL Erdnussöl (Erdnussöl)

Das Fleisch von den Knochen lösen und in Stücke schneiden. Das Fleisch mit allen restlichen Zutaten außer dem Öl vermischen. 1 Stunde stehen lassen. Das Öl erhitzen und die Ente mit der Marinade etwa 15 Minuten braten, bis die Ente zart ist.

Ente mit Schinken und Lauch

Für 4

1 Ente

450 g geräucherter Schinken

2 Lauch

2 Scheiben Ingwerwurzel, gehackt

45 ml/3 EL Reiswein oder trockener Sherry

45 ml/3 EL Sojasauce

2,5 ml/½ TL Salz

Die Ente in eine Pfanne geben und mit kaltem Wasser bedecken. Aufkochen, abdecken und etwa 20 Minuten köcheln lassen. Abgießen und 450 ml/¾ pts/2 Tassen Brühe aufbewahren. Die Ente etwas abkühlen lassen, dann das Fleisch von den Knochen schneiden und in 5 cm große Quadrate schneiden. Den Schinken in ähnliche Stücke schneiden. Lange Lauchstücke abschneiden und eine Scheibe Ente und Schinken in das Blatt rollen und mit einer Schnur zusammenbinden. In eine hitzebeständige Schüssel geben. Ingwer, Wein oder Sherry, Sojasauce und Salz in die reservierte Brühe geben und über die Entenröllchen gießen. Stellen Sie die Schüssel in eine mit Wasser gefüllte Pfanne, bis sie zu zwei Dritteln an den Seiten der Schüssel hochkommt.

Aufkochen, abdecken und ca. 1 Stunde köcheln lassen, bis die Ente zart ist.

Honig-gebratene Ente

Für 4

1 Ente

Salz-

3 Zehen Knoblauch, zerdrückt

3 Frühlingszwiebeln (Frühlingszwiebeln), gehackt

45 ml/3 EL Sojasauce

45 ml/3 EL Reiswein oder trockener Sherry

45 ml/3 EL Honig

200 ml / knapp 1 Tasse kochendes Wasser

Die Ente trocken tupfen und innen und außen mit Salz einreiben. Knoblauch, Frühlingszwiebeln, Sojasauce und Wein oder Sherry mischen und die Mischung dann halbieren. Den Honig in eine Hälfte mischen und über die Ente reiben, dann trocknen lassen. Fügen Sie das Wasser zur restlichen Honigmischung hinzu. Gießen Sie die Sojasaucenmischung in die Mulde der Ente und stellen Sie sie auf einem Rost in einem Bräter mit etwas Wasser im Boden. Im vorgeheizten Backofen bei 180°C/350°F/Gas Stufe 4 ca. 2 Stunden braten, bis die Ente zart ist, dabei mit der restlichen Honigmischung bestreichen.

Feucht gebratene Ente

Für 4

6 Frühlingszwiebeln (Frühlingszwiebeln), gehackt

2 Scheiben Ingwerwurzel, gehackt

1 Ente

2,5 ml/½ TL gemahlener Anis

15 ml/1 EL Zucker

45 ml/3 EL Reiswein oder trockener Sherry

60 ml/4 EL Sojasauce

250 ml/8 fl oz/1 Tasse Wasser

Die Hälfte der Frühlingszwiebeln und Ingwer in eine große Pfanne mit schwerem Boden geben. Den Rest in die Mulde der Ente geben und in die Pfanne geben. Alle restlichen Zutaten bis auf die Hoisinsauce dazugeben, aufkochen, zugedeckt ca. 1½ Stunden köcheln lassen, dabei gelegentlich wenden. Die Ente aus der Pfanne nehmen und etwa 4 Stunden trocknen lassen.

Legen Sie die Ente auf einen Rost in einen mit etwas kaltem Wasser gefüllten Bräter. Im vorgeheizten Backofen bei 230°C/450°F/Gas Stufe 8 15 Minuten rösten, dann umdrehen und weitere 10 Minuten knusprig rösten. In der Zwischenzeit die reservierte Flüssigkeit wieder erhitzen und zum Servieren über die Ente gießen.

Gebratene Ente mit Pilzen

Für 4

1 Ente

75 ml/5 EL Erdnussöl (Erdnussöl)

45 ml/3 EL Reiswein oder trockener Sherry

15 ml/1 EL Sojasauce

15 ml/1 EL Zucker

5 ml/1 TL Salz

Prise Pfeffer

2 Zehen Knoblauch, zerdrückt

225 g Champignons, halbiert

600 ml/1 pt/2½ Tassen Hühnerbrühe

15 ml/1 EL Speisestärke (Maisstärke)

30 ml/2 EL Wasser

5 ml/1 TL Sesamöl

Die Ente in 5 cm/2 Stücke schneiden. 45 ml/3 EL Öl erhitzen und die Ente anbraten, bis sie von allen Seiten leicht gebräunt ist. Wein oder Sherry, Sojasauce, Zucker, Salz und Pfeffer dazugeben und 4 Minuten unter Rühren braten. Aus der Pfanne nehmen. Restliches Öl erhitzen und den Knoblauch anbraten, bis er leicht gebräunt ist. Fügen Sie die Pilze hinzu und rühren Sie, bis sie mit Öl bedeckt sind. Geben Sie dann die Entenmischung in die Pfanne und fügen Sie die Brühe hinzu. Aufkochen, abdecken und ca. 1 Stunde köcheln lassen, bis die Ente zart ist. Maizena und Wasser zu einer Paste verrühren, dann in die Mischung einrühren und unter Rühren köcheln lassen, bis die Sauce eindickt. Mit Sesamöl bestreuen und servieren.

Ente mit zwei Pilzen

Für 4

6 getrocknete chinesische Pilze

1 Ente

750 ml/1¼ pts/3 Tassen Hühnerbrühe

45 ml/3 EL Reiswein oder trockener Sherry

5 ml/1 TL Salz

100 g Bambussprossen, in Streifen geschnitten

100 g Champignons

Die Champignons 30 Minuten in warmem Wasser einweichen und dann abtropfen lassen. Entsorgen Sie die Stiele und halbieren Sie die Kappen. Die Ente mit Brühe, Wein oder Sherry und Salz in eine große hitzebeständige Schüssel geben und in eine mit Wasser gefüllte Pfanne zu zwei Dritteln an den Schüsselwänden stellen. Aufkochen, abdecken und ca. 2 Stunden köcheln lassen, bis die Ente zart ist. Aus der Pfanne nehmen und das Fleisch vom Knochen schneiden. Geben Sie die Kochflüssigkeit in einen separaten Topf. Bambussprossen und beide Pilzsorten auf den Boden der Dampfschale legen, Entenfleisch wieder aufsetzen, zudecken und weitere 30 Minuten dämpfen. Die Kochflüssigkeit zum Kochen bringen und zum Servieren über die Ente gießen.

Geschmorte Ente mit Zwiebeln

Für 4

4 getrocknete chinesische Pilze

1 Ente

90 ml/6 EL Sojasauce

60 ml/4 EL Erdnussöl (Erdnussöl)

1 Frühlingszwiebel (Schalzwiebel), gehackt

1 Scheibe Ingwerwurzel, gehackt

45 ml/3 EL Reiswein oder trockener Sherry

450 g Zwiebeln, in Scheiben geschnitten

100 g Bambussprossen, in Scheiben geschnitten

15 ml/1 EL brauner Zucker

15 ml/1 EL Speisestärke (Maisstärke)

45 ml/3 EL Wasser

Die Champignons 30 Minuten in warmem Wasser einweichen und dann abtropfen lassen. Die Stiele wegwerfen und die Kappen in Scheiben schneiden. Die Ente mit 15 ml/1 EL Sojasauce einreiben. 15 ml/1 EL Öl zurückbehalten, restliches Öl erhitzen und Frühlingszwiebel und Ingwer leicht bräunen. Die Ente dazugeben und anbraten, bis sie von allen Seiten leicht gebräunt ist. Gießen Sie überschüssiges Fett ab. Fügen Sie den Wein oder Sherry, die restliche Sojasauce in die Pfanne und gerade so viel

Wasser hinzu, dass die Ente fast bedeckt ist. Aufkochen, abdecken und 1 Stunde köcheln lassen, dabei gelegentlich wenden.

Das zurückbehaltene Öl erhitzen und die Zwiebeln braten, bis sie weich sind. Vom Herd nehmen und die Bambussprossen und Pilze einrühren, dann zur Ente geben, zugedeckt weitere 30 Minuten köcheln lassen, bis die Ente zart ist. Die Ente aus der Pfanne nehmen, in Portionsstücke schneiden und auf einer vorgewärmten Servierplatte anrichten. Die Flüssigkeiten in der Pfanne zum Kochen bringen, Zucker und Maisstärke dazugeben und unter Rühren köcheln lassen, bis die Masse kocht und eindickt. Zum Servieren über die Ente gießen.

Für 4

1 Ente

3 Frühlingszwiebeln (Frühlingszwiebeln), in Stücke geschnitten

2 Scheiben Ingwerwurzel, in Streifen geschnitten

1 Scheibe Orangenschale

Salz und frisch gemahlener Pfeffer

Die Ente in einen großen Topf geben, nur mit Wasser bedecken und zum Kochen bringen. Frühlingszwiebeln, Ingwer und Orangenschale dazugeben, zugedeckt ca. 1½ Stunden köcheln lassen, bis die Ente zart ist. Mit Salz und Pfeffer würzen, abtropfen lassen und servieren.

Orange-gebratene Ente

Für 4

1 Ente

2 Zehen Knoblauch, halbiert

45 ml/3 EL Erdnussöl (Erdnussöl)

1 Zwiebel

1 Orange

120 ml/4 fl oz/½ Tasse Reiswein oder trockener Sherry

2 Scheiben Ingwerwurzel, gehackt

5 ml/1 TL Salz

Reiben Sie die Ente innen und außen mit dem Knoblauch ein und bestreichen Sie sie dann mit Öl. Die geschälte Zwiebel mit einer Gabel einstechen, zusammen mit der ungeschälten Orange in die Entenhöhle geben und mit einem Spieß verschließen. Die Ente auf einem Rost über einen mit etwas heißem Wasser gefüllten Bräter stellen und im vorgeheizten Backofen bei 160°C/325°F/Gasstufe 3 ca. 2 Stunden braten. Entsorgen Sie die Flüssigkeit und geben Sie die Ente wieder in den Bräter. Wein oder Sherry darübergießen und mit Ingwer und Salz bestreuen. Zurück in den Ofen für weitere 30 Minuten. Zwiebel und Orange wegwerfen und die Ente in Portionsstücke schneiden. Zum Servieren den Pfannensaft über die Ente gießen.

Ente mit Birnen und Kastanien

Für 4

225 g Kastanien, geschält

1 Ente

45 ml/3 EL Erdnussöl (Erdnussöl)

250 ml / 1 Tasse Hühnerbrühe

45 ml/3 EL Sojasauce

15 ml/1 EL Reiswein oder trockener Sherry

5 ml/1 TL Salz

1 Scheibe Ingwerwurzel, gehackt

1 große Birne, geschält und in dicke Scheiben geschnitten

15 ml/1 EL Zucker

Die Kastanien 15 Minuten kochen, dann abtropfen lassen. Die Ente in 5 cm/2 Stücke schneiden. Öl erhitzen und die Ente anbraten, bis sie von allen Seiten leicht gebräunt ist. Lassen Sie überschüssiges Öl ab und fügen Sie dann die Brühe, Sojasauce, Wein oder Sherry, Salz und Ingwer hinzu. Aufkochen, abdecken und 25 Minuten köcheln lassen, dabei gelegentlich umrühren. Die Kastanien zugeben, zugedeckt weitere 15 Minuten köcheln lassen. Die Birne mit Zucker bestreuen, in die Pfanne geben und etwa 5 Minuten köcheln lassen, bis sie heiß ist.

Für 6

1 Ente

250 ml/8 fl oz/1 Tasse Wasser

120 ml/4 fl oz/½ Tasse Honig

120 ml/4 fl oz/½ Tasse Sesamöl

Für die Pfannkuchen:

250 ml/8 fl oz/1 Tasse Wasser

225 g (8 oz/2 Tassen) reines (Allzweck-)Mehl

Erdnussöl (Erdnussöl zum Braten)

Für die Dips:

120 ml/4 fl oz/½ Tasse Hoisin-Sauce

30 ml/2 EL brauner Zucker

30 ml/2 EL Sojasauce

5 ml/1 TL Sesamöl

6 Frühlingszwiebeln (Frühlingszwiebeln), längs geschnitten

1 Gurke, in Streifen geschnitten

Die Ente sollte ganz mit intakter Haut sein. Binden Sie den Hals mit einer Schnur fest und nähen oder spießen Sie die untere Öffnung auf. Schneiden Sie einen kleinen Schlitz in die Seite des Halses, führen Sie einen Strohhalm ein und blasen Sie Luft unter die Haut, bis sie aufgeblasen ist. Die Ente über einer Schüssel aufhängen und 1 Stunde hängen lassen.

Einen Topf mit Wasser zum Kochen bringen, die Ente hineingeben und 1 Minute kochen lassen, dann herausnehmen und gut trocknen. Bringen Sie das Wasser zum Kochen und rühren Sie den Honig ein. Reiben Sie die Mischung über die Entenhaut, bis sie gesättigt ist. Die Ente über einer Schüssel an einem kühlen, luftigen Ort etwa 8 Stunden aufhängen, bis die Haut hart ist.

Die Ente aufhängen oder auf einen Rost über einem Bräter legen und im vorgeheizten Backofen bei 180°C/Gas Stufe 4 ca. 1½ Stunden braten, dabei regelmäßig mit Sesamöl beträufeln.

Für die Pfannkuchen das Wasser aufkochen und dann nach und nach das Mehl hinzufügen. Leicht kneten, bis der Teig weich ist, mit einem feuchten Tuch abdecken und 15 Minuten ruhen lassen. Auf einer bemehlten Arbeitsfläche ausrollen und zu einem langen Zylinder formen. In 2,5 cm große Scheiben schneiden, dann flach drücken, bis sie etwa 5 mm dick sind, und die Oberseiten mit Öl bestreichen. Paarweise mit den geölten Oberflächen aneinander stapeln und die Außenseiten leicht mit Mehl bestäuben. Die Paare auf ca. 10 cm Breite ausrollen und zu zweit auf jeder Seite ca. 1 Minute braten, bis sie leicht gebräunt sind. Bis zum Servieren trennen und stapeln.

Bereiten Sie die Dips zu, indem Sie die Hälfte der Hoisin-Sauce mit dem Zucker mischen und die restliche Hoisin-Sauce mit der Sojasauce und dem Sesamöl mischen.

Die Ente aus dem Ofen nehmen, die Haut abschneiden, in Quadrate schneiden und das Fleisch würfeln. Auf separaten Tellern anrichten und mit Pfannkuchen, Dips und Beilagen servieren.

Geschmorte Ente mit Ananas

Für 4

1 Ente

400 g Ananasstücke aus der Dose in Sirup

45 ml/3 EL Sojasauce

5 ml/1 TL Salz

Prise frisch gemahlener Pfeffer

Die Ente in eine Pfanne mit schwerem Boden geben, nur mit Wasser bedecken, aufkochen, dann abdecken und 1 Stunde köcheln lassen. Ananassirup mit Sojasauce, Salz und Pfeffer in die Pfanne abgießen, zugedeckt weitere 30 Minuten köcheln lassen. Ananasstücke dazugeben und weitere 15 Minuten köcheln lassen, bis die Ente zart ist.

Gebratene Ente mit Ananas

Für 4

1 Ente

45 ml/3 EL Speisestärke (Maisstärke)

45 ml/3 EL Sojasauce

225 g Ananas aus der Dose in Sirup

45 ml/3 EL Erdnussöl (Erdnussöl)

2 Scheiben Ingwerwurzel, in Streifen geschnitten

15 ml/1 EL Reiswein oder trockener Sherry

5 ml/1 TL Salz

Schneiden Sie das Fleisch vom Knochen und schneiden Sie es in Stücke. Die Sojasauce mit 30 ml/2 EL Speisestärke mischen und unter die Ente mischen, bis sie gut bedeckt ist. 1 Stunde stehen lassen, dabei gelegentlich umrühren. Ananas und Sirup zerdrücken und in einer Pfanne leicht erhitzen. Restliche Maisstärke mit etwas Wasser mischen, in die Pfanne rühren und unter Rühren köcheln lassen, bis die Sauce eindickt. Warm halten. Das Öl erhitzen und den Ingwer anbraten, bis er leicht gebräunt ist, dann den Ingwer wegwerfen. Die Ente dazugeben und anbraten, bis sie von allen Seiten leicht gebräunt ist. Wein oder Sherry und Salz dazugeben und weitere Minuten unter Rühren braten, bis die Ente gar ist. Die Ente auf einer vorgewärmten Servierplatte anrichten, mit der Sauce übergießen und sofort servieren.

Ananas-Ingwer-Ente

Für 4

1 Ente

100 g konservierter Ingwer in Sirup

200 g Ananasstücke aus der Dose in Sirup

5 ml/1 TL Salz

15 ml/1 EL Speisestärke (Maisstärke)

30 ml/2 EL Wasser

Legen Sie die Ente in eine hitzebeständige Schüssel und stellen Sie sie in eine mit Wasser gefüllte Pfanne, bis sie zu zwei Dritteln an den Seiten der Schüssel hochkommt. Aufkochen, abdecken und ca. 2 Stunden köcheln lassen, bis die Ente zart ist. Ente herausnehmen und etwas abkühlen lassen. Haut und Knochen entfernen und die Ente in Stücke schneiden. Auf einer Servierplatte anrichten und warm halten.

Den Sirup von Ingwer und Ananas in eine Pfanne abgießen, Salz, Maisstärke und Wasser hinzufügen. Aufkochen, umrühren und einige Minuten köcheln lassen, bis die Sauce klar wird und eindickt. Ingwer und Ananas dazugeben, umrühren und zum Servieren über die Ente gießen.

Ente mit Ananas und Litschis

Für 4

4 Entenbrüste

15 ml/1 EL Sojasauce

1 Gewürznelke Sternanis

1 Scheibe Ingwerwurzel

Erdnuss (Erdnuss) Öl zum Frittieren

90 ml/6 EL Weinessig

100 g brauner Zucker

250 ml / ½ Tasse Hühnerbrühe

15 ml/1 EL Tomatenketchup (Katsup)

200 g Ananasstücke aus der Dose in Sirup

15 ml/1 EL Speisestärke (Maisstärke)

6 Litschis in Dosen

6 Maraschino-Kirschen

Enten, Sojasauce, Anis und Ingwer in einen Topf geben und mit kaltem Wasser bedecken. Aufkochen, abschöpfen, dann abdecken und etwa 45 Minuten köcheln lassen, bis die Ente gar ist. Abtropfen lassen und trocken tupfen. In heißem Öl knusprig frittieren.

In der Zwischenzeit Weinessig, Zucker, Brühe, Tomatenketchup und 30 ml/2 EL Ananassirup in einer Pfanne verrühren, aufkochen und ca. 5 Minuten dick köcheln lassen. Die Früchte einrühren und erhitzen, bevor sie zum Servieren über die Ente gegossen werden.

Ente mit Schweinefleisch und Kastanien

Für 4

6 getrocknete chinesische Pilze

1 Ente

225 g Kastanien, geschält

225 g mageres Schweinefleisch, gewürfelt

3 Frühlingszwiebeln (Frühlingszwiebeln), gehackt

1 Scheibe Ingwerwurzel, gehackt

250 ml/8 fl oz/1 Tasse Sojasauce

900 ml/1 ½ pts/3¾ Tassen Wasser

Die Champignons 30 Minuten in warmem Wasser einweichen und dann abtropfen lassen. Die Stiele wegwerfen und die Kappen in Scheiben schneiden. Mit allen restlichen Zutaten in einen großen Topf geben, aufkochen, abdecken und ca. 1½ Stunden köcheln lassen, bis die Ente gar ist.

Ente mit Kartoffeln

Für 4

75 ml/5 EL Erdnussöl (Erdnussöl)

1 Ente

3 Zehen Knoblauch, zerdrückt

30 ml/2 EL schwarze Bohnensauce

10 ml/2 TL Salz

1,2 l/2 pts/5 Tassen Wasser

2 Lauch, dick geschnitten

15 ml/1 EL Zucker

45 ml/3 EL Sojasauce

60 ml/4 EL Reiswein oder trockener Sherry

1 Gewürznelke Sternanis

900 g Kartoffeln, dick geschnitten

½ Kopf chinesische Blätter

15 ml/1 EL Speisestärke (Maisstärke)

30 ml/2 EL Wasser

Zweige glatte Petersilie

60 ml/4 EL Öl erhitzen und die Ente anbraten, bis sie von allen Seiten gebräunt ist. Binden oder nähen Sie das Halsende zu und stellen Sie die Ente mit dem Hals nach unten in eine tiefe Schüssel. Restliches Öl erhitzen und den Knoblauch anbraten, bis

er leicht gebräunt ist. Fügen Sie die schwarze Bohnensauce und das Salz hinzu und braten Sie 1 Minute lang. Wasser, Lauch, Zucker, Sojasauce, Wein oder Sherry und Sternanis zugeben und aufkochen. Gießen Sie 120 ml/8 fl oz/1 Tasse der Mischung in die Entenhöhle und binden oder nähen Sie sie fest. Bringen Sie die restliche Mischung in der Pfanne zum Kochen. Ente und Kartoffeln zugeben, zugedeckt 40 Minuten köcheln lassen, dabei die Ente einmal wenden. Die chinesischen Blätter auf einem Servierteller anrichten. Die Ente aus der Pfanne nehmen, in 5 cm/2 Stücke schneiden und auf dem Servierteller mit den Kartoffeln anrichten. Die Speisestärke mit dem Wasser zu einer Paste verrühren, in die Pfanne einrühren und unter Rühren köcheln lassen, bis die Sauce eindickt.

Rotgekochte Ente

Für 4

1 Ente

4 Frühlingszwiebeln (Frühlingszwiebeln), in Stücke geschnitten

2 Scheiben Ingwerwurzel, in Streifen geschnitten

90 ml/6 EL Sojasauce

45 ml/3 EL Reiswein oder trockener Sherry

10 ml/2 TL Salz

10 ml/2 TL Zucker

Die Ente in eine schwere Pfanne geben, nur mit Wasser bedecken und zum Kochen bringen. Frühlingszwiebeln, Ingwer, Wein oder Sherry und Salz dazugeben, zugedeckt ca. 1 Stunde köcheln lassen. Den Zucker hinzufügen und weitere 45 Minuten köcheln lassen, bis die Ente zart ist. Die Ente auf einem Teller aufschneiden und heiß oder kalt servieren, mit oder ohne Sauce.

Für 4

1 Ente

500 ml/14 fl oz/1¾ Tassen Reiswein oder trockener Sherry

5 ml/1 TL Salz

45 ml/3 EL Sojasauce

Die Ente mit Sherry und Salz in eine Pfanne mit schwerem Boden geben, aufkochen, zudecken und 20 Minuten köcheln lassen. Ente abtropfen lassen, Flüssigkeit auffangen und mit Sojasauce einreiben. Auf einen Rost in einen mit wenig heißem Wasser gefüllten Bräter legen und im vorgeheizten Backofen bei 180°C/Gas Stufe 4 ca.

Gedämpfte Ente mit Reiswein

Für 4

1 Ente

4 Frühlingszwiebeln (Frühlingszwiebeln), halbiert

1 Scheibe Ingwerwurzel, gehackt

250 ml/8 fl oz/1 Tasse Reiswein oder trockener Sherry

30 ml/2 EL Sojasauce

Prise Salz

Die Ente 5 Minuten in kochendem Wasser blanchieren und dann abtropfen lassen. Mit den restlichen Zutaten in eine hitzebeständige Schüssel geben. Stellen Sie die Schüssel in eine Pfanne, die mit Wasser gefüllt ist, so dass sie zu zwei Dritteln an den Seiten der Schüssel hochkommt. Aufkochen, abdecken und ca. 2 Stunden köcheln lassen, bis die Ente zart ist. Entsorgen Sie die Frühlingszwiebeln und den Ingwer vor dem Servieren.

Herzhafte Ente

Für 4

45 ml/3 EL Erdnussöl (Erdnussöl)

4 Entenbrüste

3 Frühlingszwiebeln (Frühlingszwiebeln), in Scheiben geschnitten

2 Zehen Knoblauch, zerdrückt

1 Scheibe Ingwerwurzel, gehackt

250 ml/8 fl oz/1 Tasse Sojasauce

30 ml/2 EL Reiswein oder trockener Sherry

30 ml/2 EL brauner Zucker

5 ml/1 TL Salz

450 ml/¾ pt/2 Tassen Wasser

15 ml/1 EL Speisestärke (Maisstärke)

Öl erhitzen und die Entenbrüste goldbraun braten. Frühlingszwiebeln, Knoblauch und Ingwer dazugeben und 2 Minuten braten. Sojasauce, Wein oder Sherry, Zucker und Salz dazugeben und gut vermischen. Wasser hinzufügen, aufkochen, abdecken und ca. 1½ Stunden köcheln lassen, bis das Fleisch sehr zart ist. Die Maisstärke mit etwas Wasser mischen, dann in die Pfanne rühren und unter Rühren köcheln lassen, bis die Sauce eindickt.

CPSIA information can be obtained
at www.ICGtesting.com
Printed in the USA
LVHW080751060422
715401LV00016B/643

9 781804 503782